本研究受内燃机燃烧学国家重点实验室项目（SKLE200908）资助和河南省青年骨干教师资助项目（2014GGJS-120）资助

汽油发动机两次燃油喷射技术研究

马宗正　著

知识产权出版社
全国百佳图书出版单位

图书在版编目（CIP）数据

汽油发动机两次燃油喷射技术研究/马宗正著. —北京：知识产权出版社，2019.4
ISBN 978-7-5130-6176-6

Ⅰ.①汽… Ⅱ.①马… Ⅲ.①汽车—电子控制—喷油器—研究 Ⅳ.①U464.136

中国版本图书馆 CIP 数据核字（2019）第 055285 号

内容提要

本书以减少汽油发动机污染物排放和降低油耗为主要目的，针对进气道喷射式汽油发动机采用的两次燃油喷射技术进行了介绍，并采用台架试验和数值计算的方法对影响其工作性能的参数进行了研究。

本书适用于发动机专业的工程技术人员，也可以作为高等学校相关专业研究生和高年级本科生及教师参考用书。

责任编辑：贺小霞	责任校对：潘凤越
封面设计：刘 伟	责任印制：孙婷婷

汽油发动机两次燃油喷射技术研究

马宗正　著

出版发行：	知识产权出版社有限责任公司	网　址：http://www.ipph.cn
社　　址：	北京市海淀区气象路 50 号院	邮　编：100081
责编电话：	010-82000860 转 8129	责编邮箱：2006HeXiaoXia@sina.com
发行电话：	010-82000860 转 8101/8102	发行传真：010-82000893/82005070/82000270
印　　刷：	北京虎彩文化传播有限公司	经　销：各大网上书店、新华书店及相关专业书店
开　　本：	787mm×1092mm　1/16	印　张：12
版　　次：	2019 年 4 月第 1 版	印　次：2019 年 4 月第 1 次印刷
字　　数：	160 千字	定　价：58.00 元

ISBN 978-7-5130-6176-6

出版权专有　侵权必究

如有印装质量问题，本社负责调换。

前　言

为实现节能减排，摩托车汽油机采用电控燃油喷射技术已成为必然趋势，又因摩托车发动机具有对电控系统成本比较敏感的特点，故选择进气道喷射方式比较合理。虽然车用发动机进气道喷射技术应用已经比较成熟，但是考虑到摩托车发动机自身的特点，很难直接移植车用发动机技术。采用进气道喷射时，对燃油雾化要求不高，燃油喷射压力较低，几乎全部的燃油都会到达进气阀背面或者进气道壁面形成附壁油膜，摩托车汽油机受发动机结构紧凑的限制，在进气道内的附壁油膜分布面积较小、厚度较大，转速高使得附壁油膜挥发时间较短。因此，如何提高燃油的挥发速率、降低进入气缸的附壁油膜量，对摩托车汽油机喷油控制策略的制定、发动机整体性能的提高，都有着重要的理论意义和实用价值。

本书围绕电控燃油喷射发动机存在的附壁油膜现象进行研究，并针对采用二次燃油喷射技术时，利用数值计算和台架试验的方法研究了各种影响因素对于发动机性能的影响。第 1 章为绪论，主要讲述了国内外的研究现状。第 2 章针对进气道附壁油膜进入气缸的方式进行了研究。第 3 章介绍了计算模型的建立与验证。第 4 章讨论了闭阀喷射时燃油挥发速率与其影响因素关系的研究。第 5 章讨论了开阀喷射时燃油挥发速率与其影响因素关系的研究。第 6 章讨论了两次燃油喷射对燃油挥发速率的影响。第 7 章对两次燃油喷射方式进行了试验研究。

目 录

前 言 ………………………………………………………………… 1

第1章 绪 论 ……………………………………………………… 1

    1.1 研究背景和意义 ………………………………………… 1

    1.2 喷雾对附壁油膜的影响 ………………………………… 2

    1.3 附壁油膜运动规律 ……………………………………… 6

    1.4 影响燃油挥发速率因素的研究 ………………………… 7

    1.5 进气道附壁油膜的数值模拟研究 ……………………… 10

    1.6 课题的主要研究内容 …………………………………… 13

第2章 进气道附壁油膜进入气缸方式的研究 …………………… 15

    2.1 附壁油膜堆积现象的检测 ……………………………… 16

    2.2 附壁油膜循环剥落现象的检测 ………………………… 25

    2.3 本章小结 ………………………………………………… 34

第3章 计算模型的建立与验证 …………………………………… 35

    3.1 计算流体力学简介 ……………………………………… 35

3.2 数值求解方法 …………………………………………… 47
3.3 计算网格生成 …………………………………………… 51
3.4 计算模型的建立 ………………………………………… 54
3.5 喷雾模型的验证 ………………………………………… 58
3.6 进气流速影响喷雾偏转的验证 ………………………… 66
3.7 本章小结 ………………………………………………… 75

第4章 闭阀喷射时燃油挥发速率与其影响因素关系的研究 ………… 76

4.1 计算工况点的选择 ……………………………………… 76
4.2 计算网格 ………………………………………………… 77
4.3 较低机体温度时的计算分析 …………………………… 77
4.4 较高机体温度时的计算分析 …………………………… 93
4.5 本章小结 ………………………………………………… 102

第5章 开阀喷射时燃油挥发速率与其影响因素关系的研究 ………… 104

5.1 数值计算初始条件和边界条件的设置 ………………… 105
5.2 小节气门开度时的分析 ………………………………… 105
5.3 大节气门开度时的计算分析 …………………………… 120
5.4 机体温度对燃油挥发速率的影响 ……………………… 130
5.5 本章小结 ………………………………………………… 132

第6章 两次燃油喷射对燃油挥发速率影响的计算分析 …………… 134

6.1 怠速暖机工况下两次喷射与单次喷射的比较 ………… 135
6.2 高速大负荷工况下两次喷油与单次喷油的比较 ……… 145

2

6.3 本章小结 …………………………………………………… 154

第7章 两次燃油喷射方式的试验研究 ………………………… 156

7.1 膨胀冲程喷油时刻对发动机性能的影响 ………………… 156

7.2 进气冲程喷油时刻对发动机性能的影响 ………………… 159

7.3 喷油比例对发动机性能的影响 …………………………… 161

7.4 两次喷油对发动机性能改善的试验研究 ………………… 163

7.5 本章小结 …………………………………………………… 170

参考文献 ………………………………………………………… 172

第 1 章 绪 论

1.1 研究背景和意义

我国第Ⅲ阶段摩托车与轻便摩托车排放法规对摩托车发动机的排放提出了更严格的要求,污染物排放限值大幅度降低,使我国摩托车发动机产业面临严峻的考验[1-4],因此,节能与减排依然是汽油机两大重点问题[5]。虽然通过精调化油器技术可以使摩托车发动机排放达到国Ⅱ标准,通过加后处理装置也可以满足国Ⅲ排放法规的要求,但从车用汽油机的发展来看,要进一步降低摩托车汽油机排放,满足国Ⅲ以上更高排放法规的要求,采用电控燃油喷射技术是发展趋势之一。国家政策也在鼓励研究和使用先进的摩托车电控燃油喷射技术和设备[6]。

与缸内直喷技术相比[7-9],进气道喷射技术比较成熟,对燃油的要求较低,对原机改动较小,开发与制造成本较低[10-12]。由于摩托车发动机对于电控系统的成本比较敏感,因此进气道喷射方式比较适合摩托车发动机的电控燃油喷射系统。

国内对于摩托车电控燃油喷射技术的研究主要着眼于整体系统的开发

匹配，以开发出实用的电控燃油喷射系统为目的。天津内燃机研究所、稀薄燃烧摩托车技术有限公司与清华大学、西安交通大学和国家摩托车质检中心摩托车电喷课题组及广东工业大学等单位都完成了进气道喷射的电控燃油喷射系统的开发，且广东工业大学、稀薄燃烧摩托车技术有限公司与清华大学开发的电控燃油喷射系统能够满足欧Ⅲ排放法规[13-17]。

然而摩托车发动机结构紧凑，燃油的贯穿距离短、落地集中，使得进气道内部附壁油膜分布面积小、厚度大，转速高的特点使附壁油膜挥发时间短，导致油膜附壁现象要比车用发动机严重，而附壁油膜对混合气的形成过程有着重要的影响，进而会影响燃烧过程。因此，油膜附壁现象是摩托车发动机不得不面对的问题。燃油性质、燃油温度、燃油喷雾特性（包括挥发、喷雾角度、分布面积及贯穿距离）、燃油喷射量、喷射时刻、喷嘴位置、进气速度、进气道压力、进气道形状、进气道温度、进气阀温度等都是影响附壁油膜的参数，因此研究上述各参数与油膜附壁现象之间的关系，对摩托车汽油机喷油控制策略的制定、发动机整体性能的提高，有着重要的理论意义和实用价值。

针对油膜附壁现象，国内外学者进行了大量的研究。

1.2 喷雾对附壁油膜的影响

Cho H. 等人的研究结果表明，采用进气道喷射方式时，存在液态燃油在进气阀打开时随气流进入气缸的现象，这些燃油会沉积在活塞和气缸壁面以及活塞与缸套间的缝隙处，造成发动机的 HC 排放增加[18]。Kimitaka Saito 等人通过可视化试验对汽油机燃油粒子直径与附壁油膜之间的关系进行了研究[19]。研究结果显示，燃油粒子直径小于 30μm 的可以随进气流动进入气缸，燃油粒子直径大于 30μm 的则在进气道及进气阀处形成燃油堆积；当进气阀温度较低时，附壁油膜会以液态形式进入气缸，当进气阀温度较高时，大部分附壁油膜会蒸发，在进气流动的作用下以气态形式进入气缸。

根据燃油喷射过程中进气阀是否开启可分为闭阀喷射模式（Closed Valve Injection，CVI）和开阀喷射模式（Open Valve Injection，OVI）。闭阀喷射模式是指当燃油全部到达壁面形成油膜时进气阀还未打开；开阀喷射模式是指在进气阀开启状态下进行燃油喷射。Vannobel 等人认为，对开阀喷射模式来说，在进气阀打开情况下进行燃油喷射，此时进气道内气体处于高速运动状态，直径较小的粒子在进气流动的作用下会发生偏转，但是直径较大的粒子几乎不受影响，燃油油束发生偏转时，大部分燃油不再落到气道的壁面上，而会以液体的形式进入气缸，在缸套壁面和活塞的顶面形成油膜，并且这种现象受到燃油粒子大小和喷射时刻的影响[20]。同时 Nemecek 等人的研究表明，在进气阀关闭的状态下进行燃油喷射，粒径较小的粒子速度会降低，在进气阀开启状态下进行燃油喷射，进气流会加速所有粒子，燃油粒子会直接进入缸内，不在进气道内部产生油膜附壁现象[21]。而 Pirault 等人对进气流速及进气道形状与喷雾偏转之间关系的研究表明，燃油油束会受到进气流速及进气道形状的影响而发生偏转，较高的进气流速有助于减少燃油碰壁现象的发生，但是会使燃油油束偏转角度较大，使燃油落点位置发生改变[22]。Hongming Xu 等人的研究表明，在开阀喷射模式有助于减小附壁油膜的厚度，同时在进气阀开启时进行燃油喷射大部分燃油会以液态形式进入气缸[23]。王晓瑜等的研究表明，采用开阀喷射模式可以提高缸内的燃油量，大部分燃油直接喷入缸内并随即蒸发，对于增加缸内燃油蒸气量更为有利[24]。Erik Schunemann 等人的研究结果表明，采用开阀喷射模式时，燃油粒子的速度与进气流速之间的相对速度取决于发动机转速，转速到达3000r/min时进气流速明显大于燃油速度，此时较小的燃油粒子能够被进气气流加速到进气气流的速度，而较大的燃油粒子则速度明显偏小[25]。Werlberger等人的研究结果表明如果在进气阀开启片刻后即进行燃油喷射，则燃油会随高速流动的气体进入燃烧室内而不再发生严重的油膜附壁现象，但如果喷射时刻过迟，例如在接近进气阀关闭时喷油，燃油落点则主要集中在气道壁面上[26]。Stanglmaier等人通过在反拖发动机上测量进入气缸内部燃油的粒径可知，采用开阀喷射模式时，能够进入气缸的燃油粒子是通过进气气流带入的，燃油粒径小，使得附壁油膜主要集中在气缸壁上；而采用闭阀喷射模式时，进入气缸内的燃油是依靠从进气道附壁油膜表面剥离产生的，使得附壁油膜主要集中在活塞顶部[27]。

喷嘴形式的不同对于附壁油膜也有着重要的影响，赵福全等人在双进气道发动机上对不同形式喷嘴进气道内部喷雾特性的研究表明单孔喷嘴喷雾的扩散性较差，容易在进气道分离处产生附壁油膜；双孔喷嘴喷雾的扩散性优于单孔喷嘴，但是对安装位置要求较高；四孔喷嘴喷雾的扩散性更好，但是由于落点无法保证，容易在进气道壁面产生附壁油膜；空气辅助双孔喷嘴喷雾的扩散性最好，且不易产生附壁油膜[28]。同样，S. K. Fulcher的研究结果也表明，空气辅助双孔喷嘴能够有效减少HC排放，与轴针式喷嘴相比，能够有效改善油膜附壁现象，使得冷起动最初的2min之内能够减少25%的HC排放[29]。

Curtis E.等人的研究结果表明，合理选择喷嘴及喷嘴安装位置，尽量增加燃油分布面积，能够增加冷起动工况下燃油的挥发，减少以液态形式进入气缸的燃油；同时控制燃油落点为进气阀背面，由于此处温度较高，能够加速燃油挥发并且改善瞬态响应性[30]。

Miguel R. 等人采用 Mie 散射（米氏散射）及阴影法对燃油喷雾碰壁过程进行研究的结果表明随着喷射压力的升高，喷雾锥角变大，油膜的分布区域增加[31]。

杨延平、程用胜等人采用激光诱导荧光技术研究了不同喷射参数下平板附壁油膜的发展过程及附壁油膜厚度的二维分布规律也得到类似的结论，喷嘴与碰撞壁面的距离增加时，最大附壁油膜厚度和附壁油膜面积都减小，附壁燃油量减少；随着风速的增加，平板上附壁油膜较厚区域顺风向移向下游，同时附壁油膜较厚区域面积增加，附壁油膜厚度减小[32,33]。

Shin Y. 等人的研究结果表明，附壁油膜主要位于两个区域：①进气阀及进气阀座处，燃油直接喷射该区域，从而产生附壁油膜；②气缸壁，当附壁油膜在气流的作用下产生剥落时，在气缸壁上产生附壁油膜[34]。而 Witze 和 Green 通过彩色录像机得到在激光诱导荧光法下燃烧室壁面液态燃油燃烧的可见排放物表明，与进气阀关闭状态下相比，在进气阀开启状态下喷射，燃油的分布面积更大；在进气阀关闭状态下喷射时，燃油主要分布在进气道内部，而在进气阀开启状态下喷射时，燃油会在燃烧室内分布[35]。Yukihiro Takahashi 等人的研究结果表明，冷起动时大量的燃油附着在进气道壁上，并且会以液态形式流入气缸，在靠近进气道边的气缸壁上产生附壁油膜[36]。Vincent S. Costanzo 等人的研究结果也表明，较高的进气流速有助于附壁油膜从壁面剥离，同时还指出，如果在进气阀关闭过程中进气阀座处仍然存在附壁油膜，则会出现附壁油膜通过进气阀与气门座之间的间隙流入气缸的现象[37]。

Zughyer J. 等人的研究结果表明，当采用开阀喷射模式时，大部分燃油会以液态形式进入气缸，并且此部分燃油在点火时仍然未挥发完毕；同时研究表明，采用开阀喷射模式有助于改善燃油挥发速率，但是可能会产生 HC 排放过高的问题[38]。

Kim H. 等人利用可视化试验的方法对不同喷射模式下气缸内部附壁油膜的分布区域进行了研究,结果表明,采用开阀喷射模式与闭阀喷射模式附壁油膜落点不同,在冷起动工况下,闭阀喷射模式时气缸靠近进气道一侧会产生附壁油膜,而采用开阀喷射模式时则会在相对的一侧产生附壁油膜[39,40];同样,Hoisan Kim 等人通过在气缸壁及活塞顶部放置吸油滤纸的方法对附壁油膜分布进行了研究,结果也表明,喷油时刻决定液态燃油以何种形式在气缸壁上堆积[41]。

通过以上文献可知,采用闭阀喷射模式时,燃油会在进气道内产生油膜附壁现象;而采用开阀喷射模式时,有助于减小进气道附壁油膜的厚度,但是部分燃油会以液态形式进入气缸,在气缸壁上产生油膜附壁现象;采用雾化效果好的喷嘴、保证喷雾落点位置为进气阀背面、采用较高的喷射压力、增加燃油喷射距离及采用闭阀喷射模式,能够有效减少附壁油膜量,降低 HC 排放[42-44]。

1.3　附壁油膜运动规律

因为附壁油膜的存在会使燃油喷射量无法实现精准控制,增加 HC 排放量,同时也会增加壁面积炭的可能性。因此,对于采用进气道喷油方式的汽油机来说,附壁油膜的运动规律是十分重要的研究内容。K. R. Koederitz 等人将附壁油膜从壁面剥离分为两种方式:机械性剥离和空气动力性剥离。其中,机械性剥离是由于自身的特性黏度与表面张力所决定的,当附壁油膜依靠重力克服黏性力与表面张力时就会变成较小的颗粒;空气动力性剥离是空气的剪切力作用的结果,其中,从喷雾油束中剥离产生新的燃油粒子的直径一般为 200~300μm,而从附壁油膜剥离产生新的粒子的直径则为 200~250μm。在考虑发动机实际进气流量的情况下,发动机进气流量与气阀升程有着直接的关系,从而得到在节气门全开时不同气阀升程与破碎方式之间的关系:当气门升程等于或者小于 1.7mm 时,机械性剥离起主要作用;在气门升程大于 1.7mm 而小于 3.0mm 时,空气动力性剥离和机械性剥离两者共同作用;当气门升程大于 3.0mm 小于 5.0mm 时,机械性剥离起主要作用[45]。

由此表明,附壁油膜从壁面剥离分为两种不同的方式:一种是靠自身重力克服黏性力与表面张力,另一种是依靠空气的剪切力实现,而附壁油膜以何种方式剥离则与进气流速有关。

1.4 影响燃油挥发速率因素的研究

1.4.1 机体温度对燃油挥发速率的影响

发动机的工作状态对附壁油膜的挥发有着重要的影响。其中最明显的是机体温度,Almkvist 等采用激光诱导荧光技术直接在汽油机的进气道上测量了附壁油膜的厚度,他们指出,当冷却水温度从 30℃升到 90℃时,附壁油膜厚度会下降 50% 以上[46];Yukihiro Takahashi 等人的研究结果也表明冷却水温度升高,附壁油膜厚度则明显降低[36];汪淼、王建昕等人的研究结果表明,壁面温度对附壁油膜蒸发速率有着极为重要的影响,喷雾碰壁时若壁温较高,对提高蒸发速度、降低附壁油膜的堆积及快速形成混合气有重要意义[47]。

Takeda 等人利用特殊加工的发动机对冷起动及暖机过程中的附壁油膜进行了研究,结果表明,当发动机开始暖机时需要经过 300 个循环进气道附壁油膜厚度才会开始减小,起动开始时排放较高,但是开始暖机后附壁油膜厚度会迅速降低[48]。

Yang J. 等人采用 HFID(Hot FID)对冷起动工况下喷油时刻及燃油粒子直径对 HC 排放的影响进行了研究,研究结果表明,当冷却液温度为 30℃、采用开阀喷射模式时,燃油粒子直径对 HC 排放有重要影响,索特平均直径(SMD)为 300μm 时全部燃油的 1.33% 会成为 HC 排放,这要比采用闭阀喷射模式时高 50%,但是当燃油粒径较小时(SMD 为 14μm),采用不同喷射模式时则没有区别;同样,当冷却液温度升高到 89℃时,燃油粒径对 HC 排放的影响则变得非常小[49]。

1.4.2 发动机转速对燃油挥发速率的影响

发动机转速影响燃油挥发时间,Posylkin 等人的究结果表明,在进气阀关闭状态下进行燃油喷射,燃油粒子直接落在进气阀及进气阀座上,此时燃油挥发率与燃油的挥发时间有直接关系,因此增加转速会减少燃油的挥发时间,导致以液态形式进入气缸的燃油增多[50];Yukihiro Takahashi 等人的研究结果表明,当采用开阀喷射模式时,较高的转速产生较高的进气流速,从而有利于减少附壁油膜[36];Johnen 和 Haug 在模拟进气管里观察了存在空气流动时附壁油膜的发展过程,指出随着进气流速的增加,附壁油膜的量会下降[51]。

1.4.3 进气回流对燃油挥发速率的影响

Younggy Shin 等人的研究结果表明,进气回流(Back flow)不仅能够加速燃油空间挥发,而且还能够将进气道或者进气阀背面的附壁油膜从壁面带走,有利于附壁油膜的挥发[52]。

Yukihiro Takahashi 等人的研究结果表明,当气门叠开角度增大时,进气回流明显,从而有利于附壁油膜的挥发[36]。D. E. Whelan 等人利用发动机反拖研究了发动机转速在 700r/min 到 1500r/min 之间进气回流对喷雾的影响,研究结果表明,如果在进气阀开启前所有燃油都到达壁面,则喷油时刻对 SMD 没有影响,当喷油时刻推迟时,由于进气回流的作用产生的粒子的 SMD 为 20~80μm,明显小于喷嘴产生粒子的 SMD(100μm)[53]。Yunfei Luan 等人对汽油机冷起动工况下的研究表明,燃油粒子依靠进气回流产生的挥发作用非常明显,有助于减少附壁油膜量[54]。Chun - On Cheng 和 Wai K. Cheng 利用瞬态 HC 排放测量仪,对部分负荷下某进气道喷射式汽油机进气道内部混合气浓度进行了测量,研究结果表明,当燃油在进气阀打开之前全部形成附壁油膜时,HC 浓度会在进气阀打开后迅速增加,这表明回流的高温气体能够加速进气阀座表面的附壁油膜的挥发[55];但是 Werlberger 等人对发动机中低负荷、处于气门开启重叠期时的研究结果却表明,燃烧室内的燃气会倒流入进气管内,造成原来驻留在气门上的燃油向气道内的回流,加重附壁油膜的沉积[26]。

1.4.4 喷油时刻对燃油挥发速率的影响

燃油喷射模式不同,喷油时刻对其影响也不尽相同。C. Alkidas 通过在四缸发动机上采用三种不同燃油供给方式（产品化喷嘴进气道喷射、空气辅助喷射喷嘴进气道喷射及预混预蒸发燃油供给方式），对排放有重要影响的喷油时刻与进气流动之间的关系进行了研究。结果表明，不管是采用产品化喷嘴还是空气辅助喷射喷嘴，在进气开始阶段进行喷油都会使 HC 排放明显增加；HC 排放对喷油结束时刻更加敏感；在进气关闭状态下，燃油在进气阀的高温区堆积，有足够的时间挥发，同时挥发的燃油在高温进气回流的辅助作用下，使得进入缸内的燃油是预混、预挥发的，因此 HC 排放较低；如果喷油时刻使得大部分燃油在进气开始或者进气后期进入气缸，由于进气流速较低，燃油粒子不会被甩到气缸壁上，这些粒子与大量高温气体相互作用，有足够的时间挥发，因此 HC 排放也较低；反而是燃油喷射在进气冲程初期开始时，大部分燃油进入气缸时进气流速非常高，燃油会被甩到温度相对较低的气缸壁上，不利于燃油的挥发，燃油的不均匀分布程度加剧，在气缸壁附近高浓度的燃油可能会使 HC 排放增加[56]。

由上述文献可知，当发动机机体温度升高时，进气道附壁油膜量明显减少。随着转速的升高，采用闭阀喷射模式时，附壁油膜挥发时间变短，不利于附壁油膜的挥发；采用开阀喷射模式时，由于进气流速的提高，有利于减少附壁油膜量。

1.5 进气道附壁油膜的数值模拟研究

发动机工作过程十分复杂，长期以来，实验是研究发动机工作过程的主要手段，但限于实验条件、测试技术水平以及实验仪器的精度，这种实验研究也有很大的局限性，且费用昂贵。从20世纪60年代开始，随着计算技术的飞速发展及计算流体力学、计算传热学、化学动力学等基础理论研究的不断深入，发动机进气流动、喷雾和燃烧的数值模拟逐渐形成了一个独立的发展分支，它以实验和基本理论研究成果为基础，通过计算机把实验研究和理论分析有机地融为一体，不仅能提供实验研究不可能提供的信息量，而且花费少、周期短、实用性强、效果明显，并能充分反映结构参数几何形状对发动机性能的影响，与实验相比有关参数的获取和分析简单、迅速，从而为研究发动机结构、开发新型燃烧系统提供预见性指导，更为重要的是可以在众多影响因素中找出关键的控制变量，更有利于抓住所研究问题的本质。

但是内燃机工作过程中伴随着非常复杂的流体运动，不仅有气体流动，还包括燃油喷射、雾化、蒸发及燃烧过程，缸内的物理现象极其复杂，涉及流体力学及化学动力学。此外，内燃机是一个复杂的几何体，随着活塞和进排气阀的运动，边界条件都处于快速的变化状态，故难以完全确定各点的不稳定边界条件，这就需要建立各种各样的物理化学模型来简化具体的物理现象。因此，内燃机数值模拟也经历了从简单到复杂、由粗略到精确、从零维或准维模型到三维模型的艰难发展历程[57-59]，其中，零维模型基于均匀态假设，能较好地预测发动机的性能，但无法反映缸内流场、燃烧室形状对发动机性能的影响；准维模型的优点是描述形式简单、计算量小，但是过于依赖基于试验基础的经验公式，适用范围受到一定的限制；三维模型基于三维流体力学理论对发动机工作过程进行描述，更加接近实际物理过程。在研究缸内气体流动、燃烧室形状、喷雾状态等对混合气形成及燃烧过程的影响时，多采用三维模型。

随着大型流体力学软件的快速发展，采用计算机数值模拟来解决各种实际的工程问题已经成为现实,特别是几种 CFD 软件,如 SCRYU、Power-FLOW、Star – CD、FIRE、KIVA、CFX – 5、FLUENT、FIDAP 的快速发展[60-65],计算机数值模拟在发动机的优化燃料喷射、缸内外流场、燃烧过程的研究中成为有效、便捷的研究方法之一[66-76]。其中,FIRE 是奥地利 AVL 公司的产品,其网格生成技术比较成熟,可以高度自动化地创建随时间变化的几何体的网格,模拟进气阀及活塞的运动,为分析发动机工作过程提供方便,本文的数值分析基于 FIRE 进行。

国内外已经采用数值计算的方法对进气道喷射式汽油机已经进行了一些研究。王春发等人对四冲程摩托车汽油机换气过程进行了研究,研究结果表明,气缸内部流动包含两个流向相反的涡团,这为缸内油气混合提供了条件,对分析缸内混合气的形成提供了必要的支持[77]。

Tang – Wei Kuo 对进气道内燃油喷射汽油机进行了气道 – 缸内气体流动、燃油喷射和燃烧的多维数值模拟。其研究所用的模型为垂直二气门汽油机,燃油喷射模式为开阀喷射。研究人员分析指出,喷射锥角的变化将对气门关闭前进入气缸的燃油有重要的影响;最佳火花塞位置、点火时刻的选择都取决于点火时刻缸内混合气的浓度分布[78]。

G. M. Bianchi 等人针对一个四气门汽油机,利用 FIRE 软件研究了喷油时刻对混合气形成过程的影响。其中,喷油时刻设计了三种:标准喷射模式,70% 的时间处于进气阀开启之前;提前喷射模式,燃油喷射时进气阀完全关闭;推迟喷射模式,喷油时进气阀完全开启。研究结果表明,提前和推迟喷射都能够有效地减少以液态形式进入气缸的燃油,从而减少附壁油膜量;提前喷射时燃油在进气道内部有足够时间混合,最终获得的混合气比较均匀[79]。

王晓瑜等人以 CV20 汽油机为研究对象,对汽油机油气混合过程进行了研究[24]。研究结果表明,闭阀喷射时进入缸内的燃油是气态,缸内混合气浓度分布较为均匀,开阀喷射时缸内燃油虽以燃油蒸气为主,但出现了燃油液滴和附壁油膜,缸内空燃比变化较大,有明显分层现象;全负荷工况时机体温度较高,有助于减少壁湿现象对混合气质量造成的不良影响;怠速工况采用开阀喷射模式有利于燃油喷射量的精确控制;全负荷工况时,进气气流对燃油喷射有重要影响,采用开阀喷射模式时有较严重的燃油附壁现象。

但是,数值模拟发展与进气道喷射技术发展不同步造成利用数值计算的方法分析进气道喷射式汽油的研究相对较少,特别是针对单缸、单进气门摩托车发动机的研究较少。采用试验方法所进行的附壁油膜的研究主要集中在车用发动机上,由于摩托车发动机自身的特点,使得进气道油膜附壁现象与车用发动机有着明显的区别,非常有必要对摩托车汽油机进气道附壁油膜进行研究,此内容的研究对于摩托车控制策略的制定、改善发动机性能都有着重要的理论意义和实用价值。

1.6 课题的主要研究内容

针对摩托车汽油机中的油膜附壁现象,就附壁油膜进入气缸的形式及加速燃油挥发速率等问题,进行以下几个方面的研究:

1)附壁油膜进入气缸方式的研究。对进气道喷射式汽油机进行研究的一个首要问题就是考察附壁油膜进入气缸的形式,为此主要针对如何确定是否存在附壁油膜及附壁油膜以何种方式进入气缸进行研究。

2)数值计算模型的建立与验证。为研究如何减少以液态形式进入气缸内的附壁油膜量，拟采用数值计算的方法进行研究，而采用数值计算的方法进行研究的首要问题是计算模型的建立及所采用计算方法可行性的验证，为此主要工作是建立计算模型，并对模型的正确性进行验证。

3）闭阀喷射时燃油挥发速率与其影响因素关系的研究。为提高燃油挥发速率，减少附壁油膜循环剥落量，采用数值计算的方法，在不同机体温度下，对闭阀喷射时，燃油落点、进气回流、喷油时刻、进气温度等参数对燃油挥发速率的影响进行研究。

4）开阀喷射时燃油挥发速率与其影响因素关系的研究。为提高开阀喷射时的燃油挥发速率，采用数值计算的方法，在不同节气门开度下，对开阀喷射时，燃油落点、喷射距离、进气回流及喷油时刻等参数对燃油挥发速率的影响进行研究。

5）两次燃油喷射方式对燃油挥发速率影响的计算分析。通过数值计算的方法，研究两次燃油喷射与摩托车发动机进气道附壁油膜循环剥落量之间的关系，揭示两次燃油喷射对摩托车发动机进气道附壁油膜的影响规律。

6）两次燃油喷射方式的试验研究。利用台架试验，对发动机采用两次燃油喷射时的效果进行验证，分别对不同阶段的喷油时刻及喷油比例对发动机性能的影响进行分析。

第2章　进气道附壁油膜进入气缸方式的研究

进气道喷射式摩托车汽油机燃油喷射压力低（250~300kPa）且发动机本身结构紧凑，燃油在进气道内壁面附壁油膜分布面积较小、厚度大，发动机转速高，挥发时间短，喷射到进气道壁面或进气阀背面的燃油，不可避免地会形成附壁油膜。如果附壁油膜在进气阀开启之前不能完全挥发，燃油就有可能以液态的形式进入缸内，造成发动机油耗和HC排放的增加。

附壁油膜进入气缸可能有三种方式：一是所喷射燃油在进气道内部达到动态平衡，即进气道内部虽然始终存在一定量的附壁油膜，但进入缸内的燃油量和所喷射的燃油量相等，附壁油膜以气态形式进入气缸；二是如果在下一次喷射的燃油到达之前进气道内部附壁油膜没有完全挥发，所喷射的燃油使附壁油膜加厚，随着循环数的增加附壁油膜厚度会不断增加，堆积到一定程度后将以液体形式流入气缸，这种现象称作附壁油膜堆积；三是在进气道内部未挥发的附壁油膜在气门开启后从壁面剥落，以液体形式进入气缸，这种现象存在于每个循环内，此现象称作附壁油膜循环剥落。

对进气道喷射式汽油机进行研究的一个首要问题就是考察附壁油膜进

入气缸的方式，进入气缸形式的不同将会对发动机性能及燃油控制策略产生一定的影响。如果能够检验油膜堆积或者附壁油膜循环剥落现象的存在也就证明了燃油在进气道内部没有达到动态平衡，为此下文将重点分析如何检测附壁油膜堆积和附壁油膜循环剥落。

2.1 附壁油膜堆积现象的检测

如果存在附壁油膜堆积现象，此时所喷射的燃油大于进气道内能够挥发的燃油，当附壁油膜堆积到一定程度，即使供油量减少，发动机工况仍能保持不变。基于此，采用隔循环减油的方式来验证是否存在附壁油膜堆积现象。

所谓隔循环减油，即首先使发动机在稳定工况下工作，然后调整喷油脉宽，间隔一定循环将喷油脉宽减小一次，不断调整所隔循环的次数。如果存在油膜堆积现象，就会出现随循环数增加，发动机工况越来越接近不减油时工况的现象，基于此可分析是否存在附壁油膜堆积现象。

2.1.1 试验设备及燃油喷射控制

试验台架由 K157 FMI 型发动机（具体参数见表 2-1）、电涡流测功机、测功机测控系统、汽油机 ECU、缸压传感器、高速数据采集系统及五气分析仪、计算机以及相关参数的测量装置和传感器组成，如图 2-1 所示，试验设备具体参数见表 2-2～表 2-3。其中，汽油机 ECU 为自行开发，可以通过计算机的串口通信实现对汽油机 ECU 的控制，实现对喷油时刻、喷油量和点火时刻的控制。

表 2-1 K157 FMI 型发动机参数

参数	参数值	参数	参数值
型式	单缸、四冲程	标定功率（kW）/相应转速（r/min）	7.0/7500
行程×缸径/mm×mm	56.5×49.5	压缩比	9:1
总排量/mL	124	冷却方式	风冷

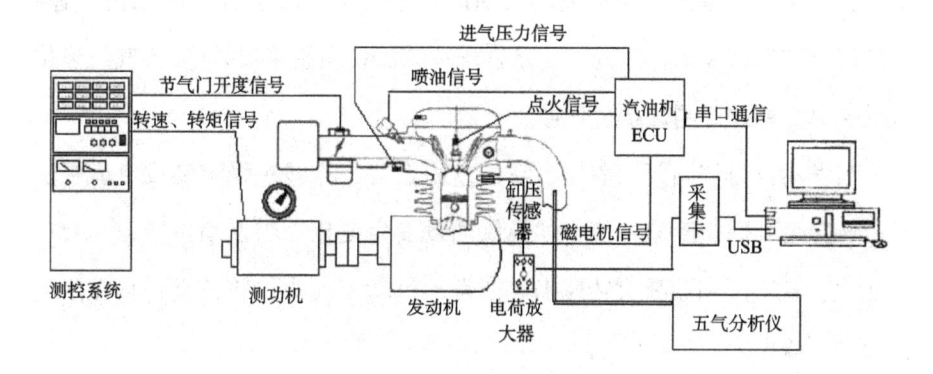

图 2-1 试验系统示意图

表 2-2 试验中用到的主要设备

名称	型号	生产厂家
缸压传感器	CA-YD-203	江苏联能电子技术有限公司
缸压信号电荷放大器	YE5850	江苏联能电子技术有限公司
高速数据采集卡	USB 2002	北京阿尔泰科技发展有限公司
发动机测控系统	FC2000	湘仪动力测试仪器有限公司
五气分析仪	FGA-4100	佛山分析仪有限公司

表 2-3 五气分析仪测量参数范围及精度

参数（单位）	测量范围	分辨率	误差	参数（单位）	测量范围	分辨率	误差
CO_2（%）	0.00~20.00	0.1	±0.5	HC（10^{-6}）	0~10000	1	±12
NO_x（10^{-6}）	0~5000	1	±25	CO（%）	0.00~10.00	0.01	±0.06

17

2.1.2 试验方案确定

为考察发动机采用隔循环减油时性能的变化，所测量最好能够做到每循环都能实现测量，可选用的测量方式有：①测控系统采用转矩/节气门恒位置（M/P）模式，测量发动机瞬时转速变化；②测控系统采用转速/节气门恒位置（N/P）模式，测量缸压；③测控系统采用转速/节气门恒位置（N/P）模式，测量空燃比值。

当发动机节气门开度固定、喷油量固定时，当转矩稳定到设定值则发动机转速也会固定到某一值，如果供油量发生变化，则发动机转速也会产生变化。基于此利用瞬时转速来表征发动机功率大小，验证是否存在附壁油膜堆积现象。

其中，瞬时转速采用发动机自身的磁电机信号计算得到，图2-2所示为一个循环内的发动机磁电机信号，通过计算采样点数可以得出一个循环所用的时间，从而得到每个循环内的瞬时转速。

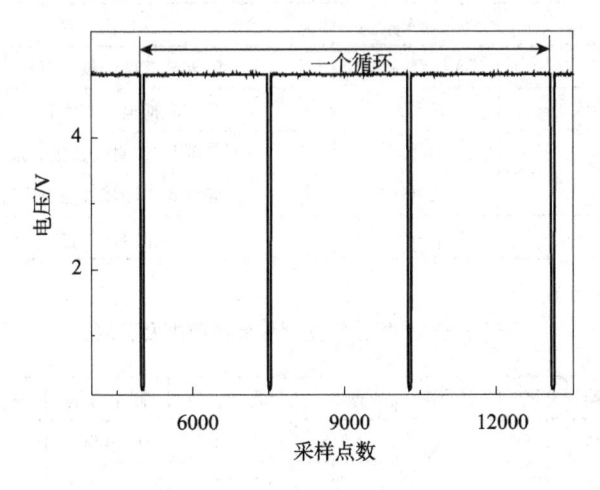

图2-2 瞬时转速计算示意图

第 2 章　进气道附壁油膜进入气缸方式的研究

图 2-3 所示为采用 M/P 方式，发动机在稳定工况下工作且供油量不同时发动机的瞬时转速图。由图可知，当喷油脉宽减少为 5.6ms 时，发动机转速下降 100r/min 左右，这表明供油量的变化能够引起瞬时转速的改变。

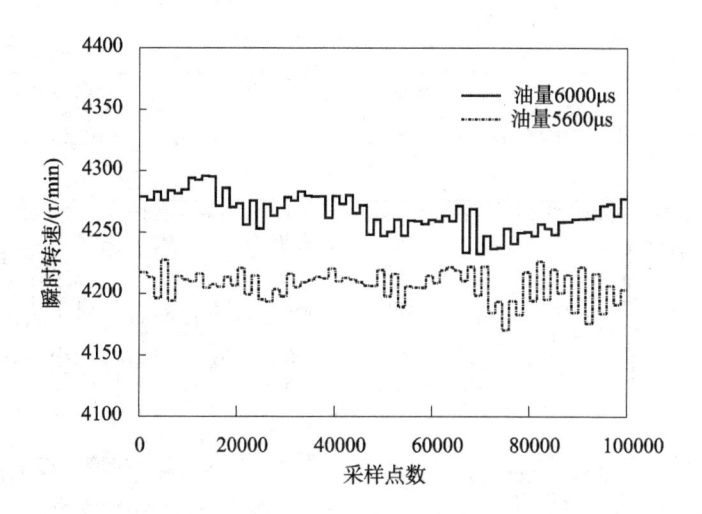

图 2-3　不同供油量时发动机瞬时转速比较

图 2-4 所示为隔循环减油时发动机瞬时转速的变化图。由图可知，当隔循环减油时发动机瞬时转速的平均转速下降，但是减油时相邻循环之间的转速波动较小，没有明显变化。分析认为，由于汽油机存在循环变动[80-84]，特别是单缸汽油机，即使发动机工作在稳定工况也存在转速波动，如图 2-3 所示在供油量不变的情况下，发动机瞬时转速也有 50r/min 左右的波动；同时，发动机转速不能发生突变，因此利用瞬时转速来考察是否存在附壁油膜堆积现象存在困难，需要考虑其他方法。

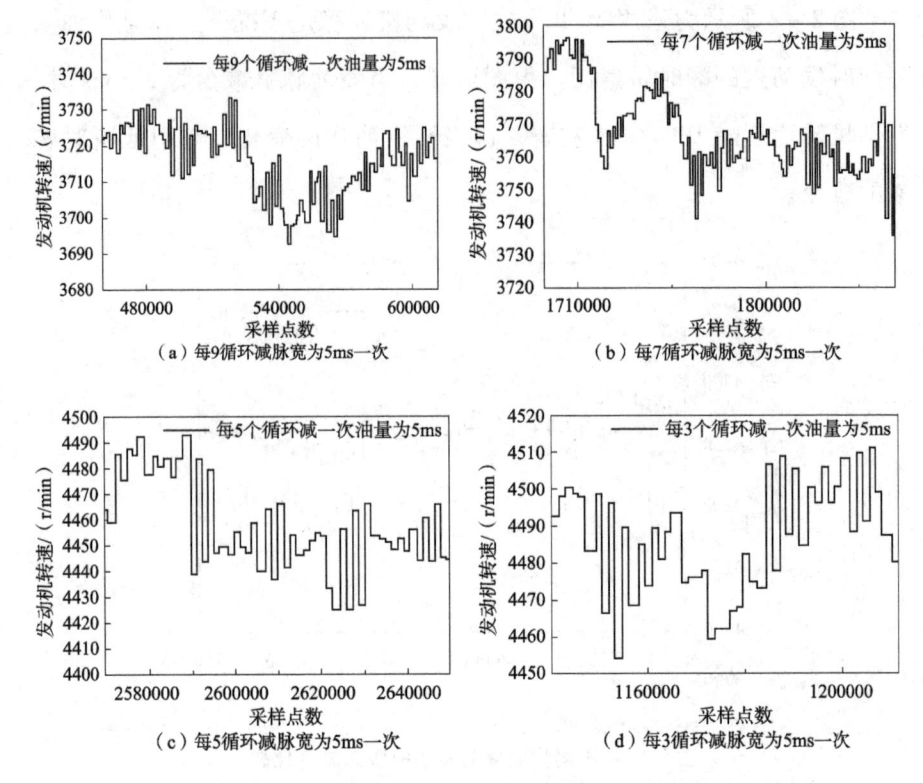

图 2–4 隔循环减油发动机瞬时转速的变化

缸内压力信号是评价发动机工作过程最直接、最有效的方法之一[85-91]。当发动机做功能力发生变化时，最明显的是气缸压力峰值发生改变，为此采用比较气缸压力峰值的方法来分析是否存在附壁油膜堆积现象。

在急速暖机工况，由于节气门关闭，进气管压力较低，上循环的残余废气对工质的稀释作用较大，导致燃烧缓慢，在上止点之后观察到燃烧压力脱离压缩膨胀线，缸内最高压力即为最大压缩压力[92]。因此利用气缸峰值压力来反映汽油机的工作状态不适用于小节气门开度，为此在进气阀全开、4500r/min 时进行隔循环减油试验。

第2章 进气道附壁油膜进入气缸方式的研究

图2-5所示为每隔9个循环减油一次和不减油时气缸压力曲线,当减油指示信号为高电平时每隔9循环减油,低电平不执行隔循环减油。可见,当开始隔循环减油时,缸压曲线的峰值存在一定变化,无法分析减油时峰值压力是保持不变,还是降低。

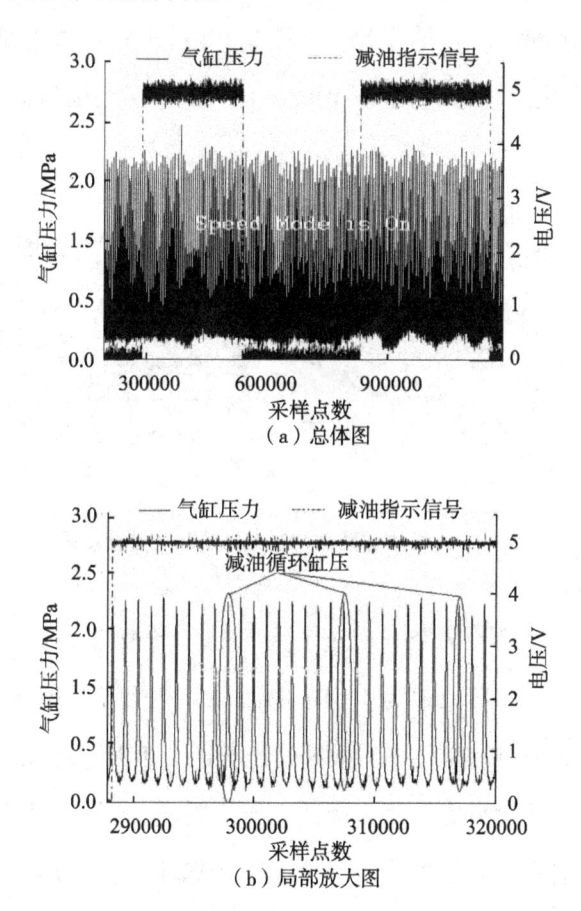

图2-5 循环减油时缸内压力曲线

分析其原因还在于汽油机的循环变动,虽然采用缸压曲线可以得到每一循环内发动机的工作情况,但是由于循环变动的存在使得气缸峰值压力存在一定的波动,即使减油时峰值压力有变化,也无法分析,因此不宜采用缸压来判断附壁油膜堆积现象。

发动机有无附壁油膜堆积还可以通过混合气浓度来表示，当循环减油时如果存在附壁油膜堆积，则混合气浓度基本保持不变，而混合气浓度的变化可以直接以空燃比值的形式反映，为此在原台架的基础上增加宽域氧传感器，用以测量空燃比的变化，如图 2-6 所示。其中宽域氧传感器为 Tech Edge 公司生产，空燃比测量精度为 0.01，测量范围为 9~20。

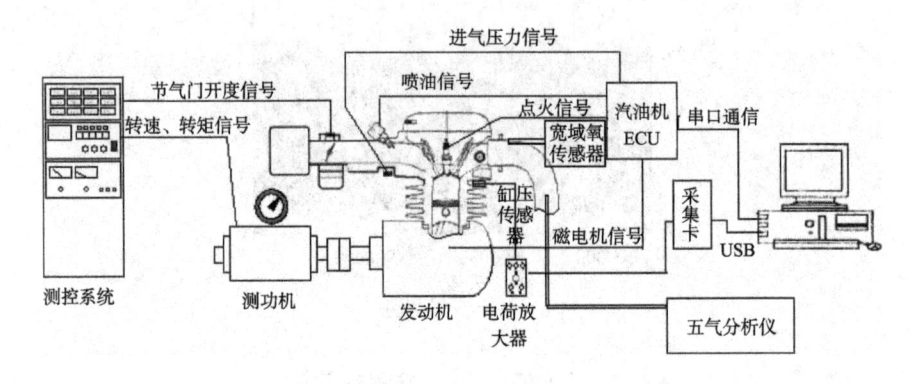

图 2-6 增加宽域氧传感器后试验系统示意图

图 2-7（a）所示为节气门开度为 30%、转速为 4500r/min、喷油脉宽 5.8ms、每 5 个循环减油为 4.5ms 时缸压和空燃比的变化。由图可知，由于循环变动的存在，缸压曲线无法进行分析；但是空燃比出现波动，并且是每隔 5 个循环就变大，然后降低，如此循环。分析认为，宽域空燃比仪是一阶响应性的测量仪器[93]，当每隔 5 个循环减油一次时，混合气浓度变稀，空燃比值变大，燃油恢复原值后，混合气浓度变浓，空燃比值下降，表明此时不存在附壁油膜堆积或者燃油在进气道内部达到动态平衡。

但是由图 2-7 可以看到，减油循环空燃比值的变化幅度较小，且发动机存在循环变动，实际应用存在一定的困难。

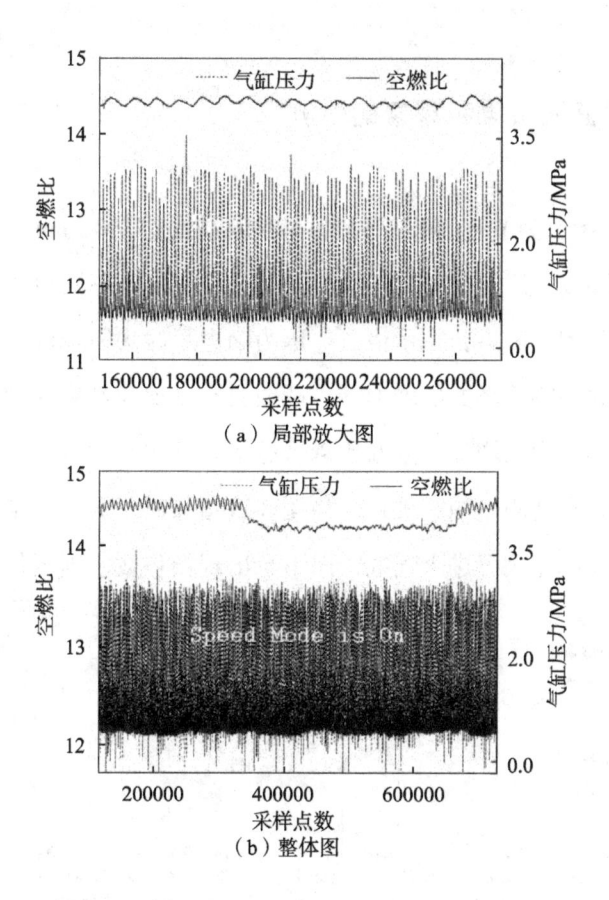

第2章 进气道附壁油膜进入气缸方式的研究

(a) 局部放大图

(b) 整体图

图 2-7 循环减油时缸内压力曲线及空燃比对比

图 2-7 (b) 是发动机由循环减油状态变为不减油时空燃比及缸压曲线的变化。由图可见，当发动机开始由循环减油变为不减油时，空燃比值下降，并且空燃比值波动基本消除。这为研究提供了思路，即通过隔循环减油与不减油时空燃比值的对比来考察是否存在附壁油膜堆积，如果存在附壁油膜堆积现象，则随所间隔的循环数的增加，空燃比应越来越接近不减油时的值，且波动变小。采用此方法时由于是多个循环检测，这也避免了循环变动引起的干扰问题。

2.1.3 附壁油膜堆积现象的检测

图 2-8 所示为节气门开度 50%、发动机转速 4500r/min、空燃比保持在 14.7、喷油脉宽 7ms、分别间隔不同循环数将喷油脉宽减为 6.5ms 一次时空燃比变化图。其中，指示信号电压为高电平时为隔循环减油状态。由图可知，随着间隔循环数的增加，当减油时空燃比波动越来越大，没有出现随所间隔循环数的增加，空燃比越来越接近不减油时的值，且波动变小的情况。如果存在附壁油膜堆积，当循环数增加时，会有一定量的附壁油膜在进气气流的作用下进入气缸，而不会出现循环数不断增加而空燃比波

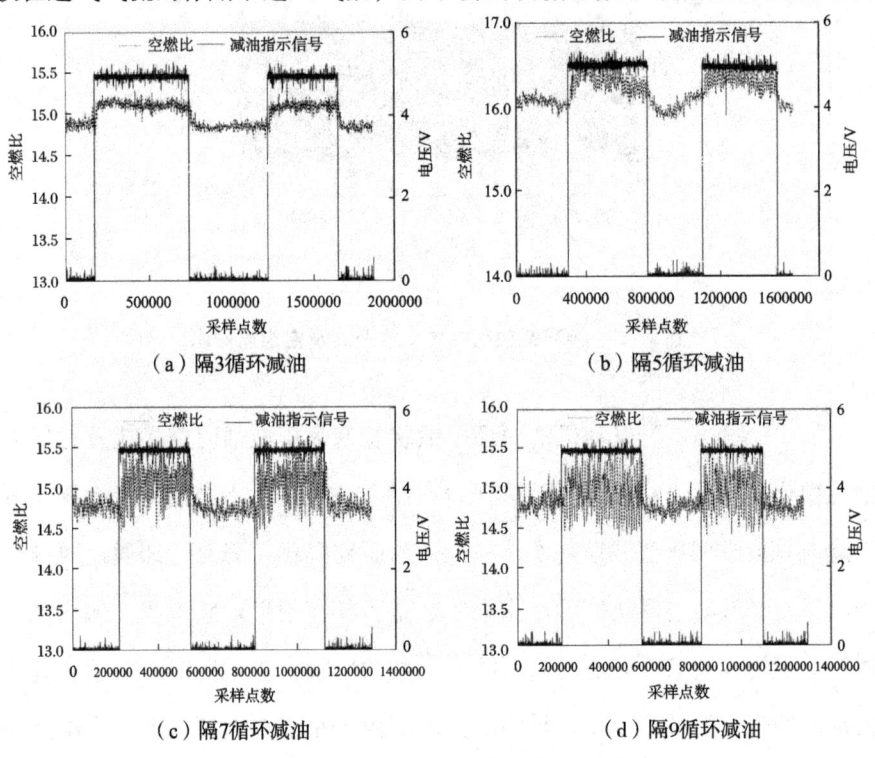

(a) 隔3循环减油 (b) 隔5循环减油

(c) 隔7循环减油 (d) 隔9循环减油

图 2-8 循环减油时空燃比变化

动越来越大的现象,这表明在此工况下不存在附壁油膜堆积现象,附壁油膜是以其他形式进入气缸的。

为了验证其他工况下是否存在附壁油膜堆积现象,利用该方法对发动机其他工况进行了研究。研究结果表明,当进行隔循环减油时,空燃比波动越来越大,没有出现空燃比不变的情况,即发动机不存在油膜堆积现象。

2.2 附壁油膜循环剥落现象的检测

如果存在附壁油膜循环剥落现象,当增加燃油挥发速率时,会减少附壁油膜量,增加以气态形式进入气缸的燃油量,从而使空燃比降低。而当发动机节气门开度、喷油量及转速一定时,附壁油膜的挥发主要受三个因素的影响:附壁油膜处的温度、附壁油膜挥发时间及进气流动。基于上述分析,分别通过改变机体温度和喷油时刻的方法,来验证附壁油膜循环剥落现象的存在。

2.2.1 发动机参考温度点的选取

摩托车电喷系统普遍采用缸头温度或者缸体温度[94,95]对发动机热状态进行评价,但是这两处的温度都属于表面温度,易受到冷却条件(自然风)变化的影响。存在风冷的条件下,发动机表面温度变化较快,而由于发动机有一定的热容量,其内部温度变化比较缓慢。对于进气道喷射式汽油机来说,其燃油落点处的温度最能反映温度与附壁油膜挥发之间的关系，但是燃油落点范围较大，且进气道内部的温度不易测量，因此首先通过试验考察火花塞垫片温度与进气道及进气阀背面温度之间的关系。

如图 2-9 所示，除火花塞垫片 3 温度外，增加进气道 1 及进气阀背面 2 温度的测量，其中进气道温度的测量采用铠装热电偶；进气阀背面温度的测量采用热电偶丝，通过高温胶粘到进气阀背面。

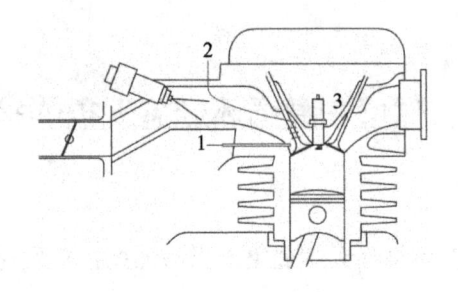

图 2-9 测温点示意图

图 2-10 所示为各测温点在有无风冷时温度变化示意图。由图可知，当无风冷时，火花塞垫片处温度、进气阀背面温度及进气道温度的变化趋势是一致的，即随着时间的推移温度不断上升，其中进气阀背面的温度最高，进气道温度最低，火花塞垫片温度居中，进气阀背面的温度要比火花塞垫片温度高 30℃ 左右，而火花塞垫片温度要比进气道温度高 30℃ 左右；当进行风冷时，火花塞垫片温度迅速降低，而进气道及进气阀背面温度则会延迟一定时间后出现下降。由前面的分析可知，火花塞垫片温度属于表面温度，易受到冷却条件（自然风）变化的影响，因此当存在风冷时其变化比较明显，而进气道及进气阀背面处为内部温度变化，发动机自身有一定的热容量，因此有一定的延迟。

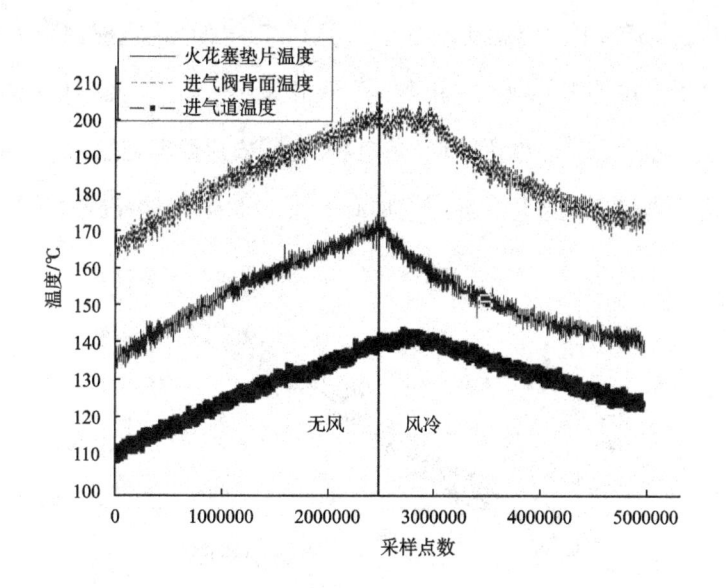

图 2-10　各测温点变化趋势图

为此当无冷却条件时，采用火花塞垫片温度、进气道及进气阀背面温度都可以表征发动机的热状态，但是当存在风冷时，各处温度的变化趋势不一致，需要单独分析。

所以，在下文的研究中均采用无冷却条件来改变发动机热状态，因此采用三个测点中的任何一点都可以，但是相比进气阀背面及进气道，火花塞垫片的温度更容易测量。为此采用火花塞垫片的温度作为发动机热状态的特征温度。

2.2.2　附壁油膜循环剥落方法的验证

图 2-11 所示为采用 N/P 模式、发动机转速 5000r/min、节气门开度 40%时，空燃比随火花塞垫片温度变化的曲线。由图可知，当火花塞垫片

温度保持在135℃时,空燃比基本稳定于14.7,即理论空燃比附近,说明此时发动机工作处于一种平衡状态;当火花塞垫片温度升高时,空燃比值迅速减小,即混合气浓度不断增加;当火花塞垫片温度到达165℃左右时,空燃比值不再随火花塞垫片温度增加而增加,即混合气浓度不再增加。

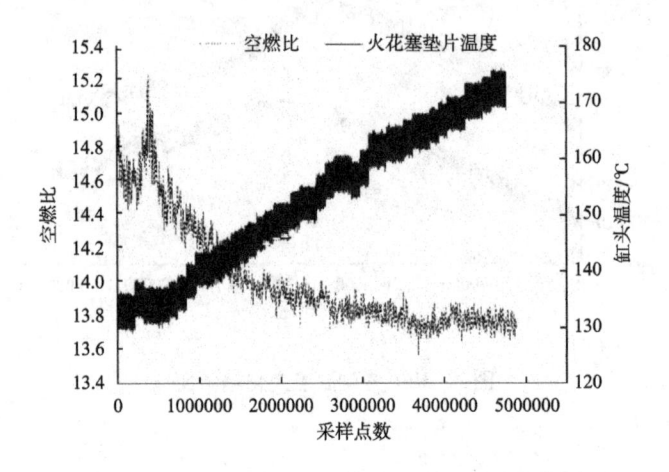

图 2-11 空燃比随火花塞垫片温度变化曲线图

由前述分析可知,当测功机控制模式采用 N/P 模式,发动机转速、节气门开度及喷油量固定时,机体温度升高时空燃比显著降低,产生这种现象的原因有两种:一种是存在附壁油膜循环剥落现象,另一种是燃油在进气道内部达到动态平衡。

图 2-12 所示为空燃比、HC 和 NO_x 排放随机体温度的变化趋势图。由图可知,当混合气浓度升高时,HC 排放不断下降,而 NO_x 排放不断增加。如果此时发动机燃油达到动态平衡,燃油以气态的形式进入气缸,则不会出现此现象。当存在以液态形式进入缸内的附壁油膜时,会造成 HC 排放升高,同时由于燃烧不充分,缸内温度也不高,不适宜生成 NO_x,因此 NO_x 也较低;而当温度升高时进入气缸的附壁油膜量减少,HC 排放不断

降低，与此同时燃烧过程得到优化，缸内的温度较高，有利于 NO_x 的产生，从而出现随着混合气浓度的升高，HC 排放降低、NO_x 升高的现象。由此说明，所研究的工况存在附壁油膜循环剥落现象。

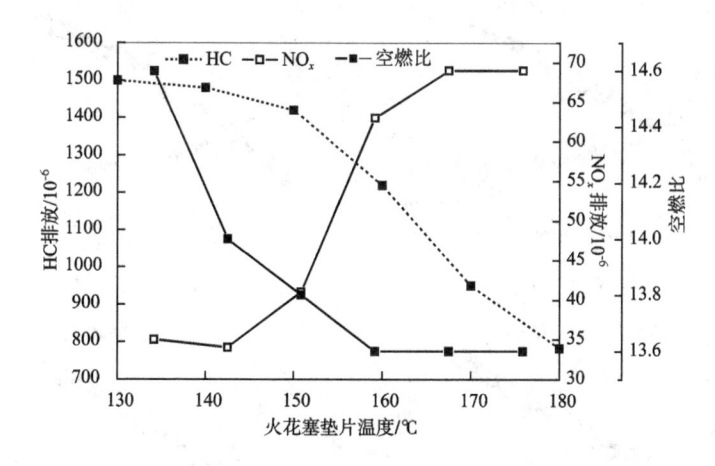

图 2-12 空燃比、HC 和 NO_x 排放随机体温度的变化趋势

通过提高发动机火花塞垫片温度观察空燃比及排放的变化，可判断是否存在附壁油膜循环剥落现象。

2.2.3 不同工况下附壁油膜循环剥落的检测

由 2.2.2 节的分析可知，发动机在转速 5000r/min、节气门开度 40% 时存在附壁油膜循环剥落现象。转速较低的工况下燃油挥发时间长，转速较高的工况下进气流速较高，所研究的工况为中间工况，不具有代表性。发动机在何种工况下存在附壁油膜循环剥落还需要进一步的试验研究。

图 2-13~图 2-16 和表 2-4~表 2-6 给出了部分工况下随机体温度升高时，空燃比及排放的变化趋势。当温度升高时空燃比值再次稳定时大

约下降 1 左右，HC 不断减少而 NO_x 排放不断增加，这表明所研究的工况存在附壁油膜循环剥落现象。

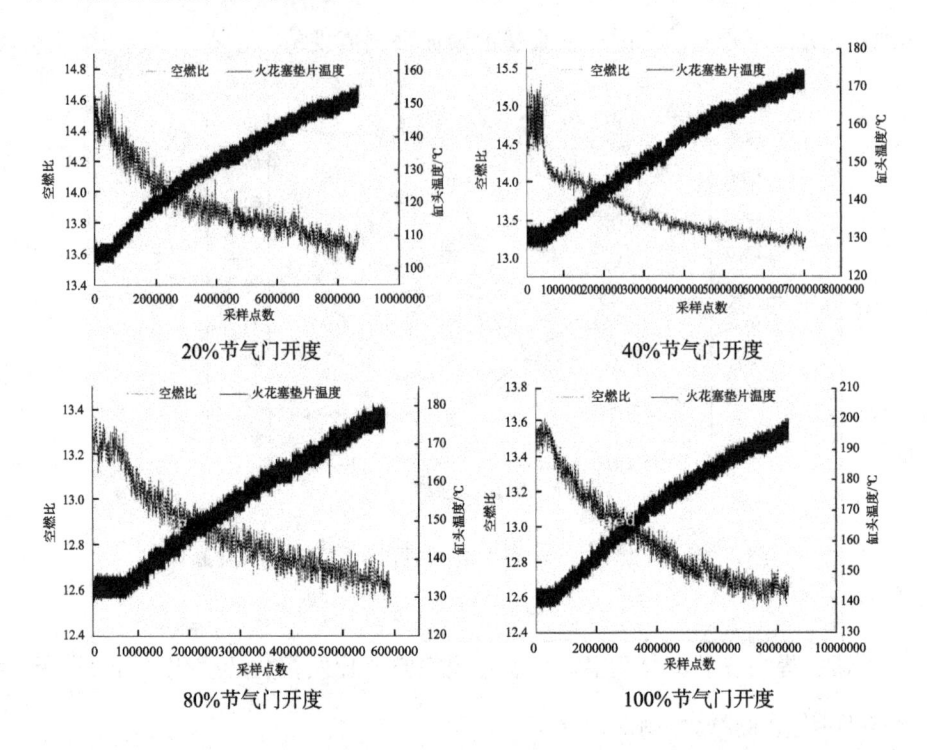

图 2-13　3000r/min、不同节气门开度时空燃比随火花塞垫片温度的变化趋势

通过比较可知，节气门开度大于 80% 时，空燃比大约为 13.4，处于偏浓状态，当温度升高时空燃比值下降大约 0.6 后保持稳定，并且这种趋势不受转速的影响。分析认为，当节气门开度较大时空气流速较大，从而使得燃油挥发速率较节气门开度小时快，这样有助于减少附壁油膜量；为保持相同的空燃比，转速较低时每循环所需的燃油量多，虽然转速低能够使燃油的挥发时间变长，但是由于燃油量较多，这种优势反而不明显，导致附壁油膜循环剥落的程度不受转速的影响。

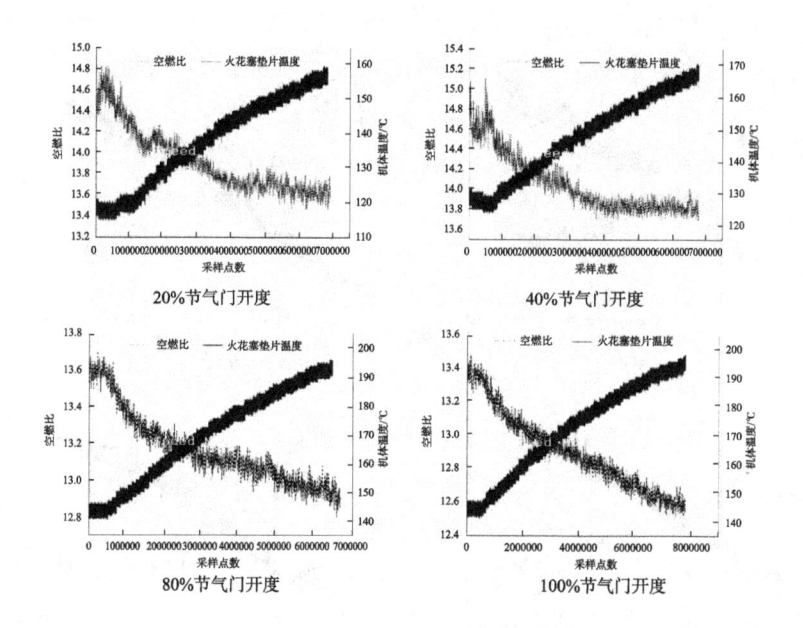

图 2–14　4000r/min、不同节气门开度时空燃比随火花塞垫片温度的变化趋势

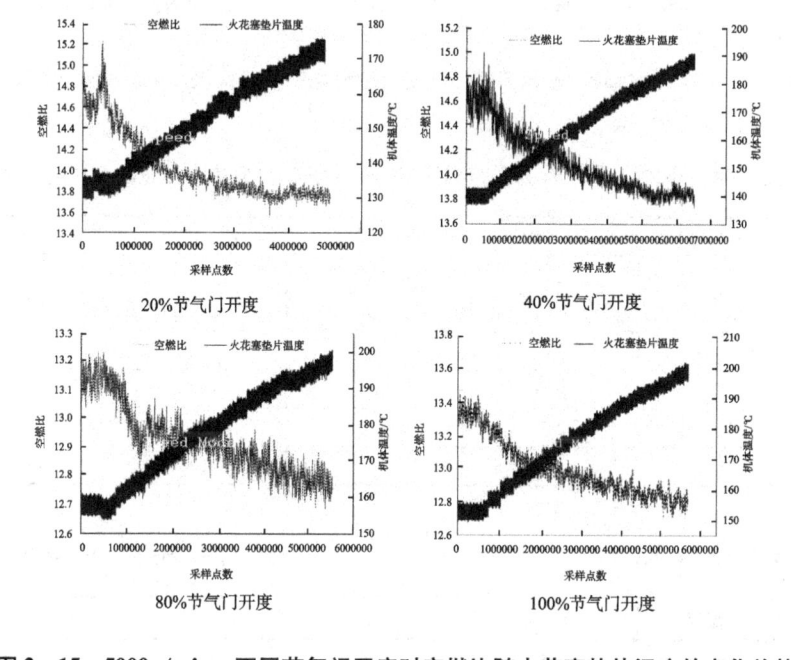

图 2–15　5000r/min、不同节气门开度时空燃比随火花塞垫片温度的变化趋势

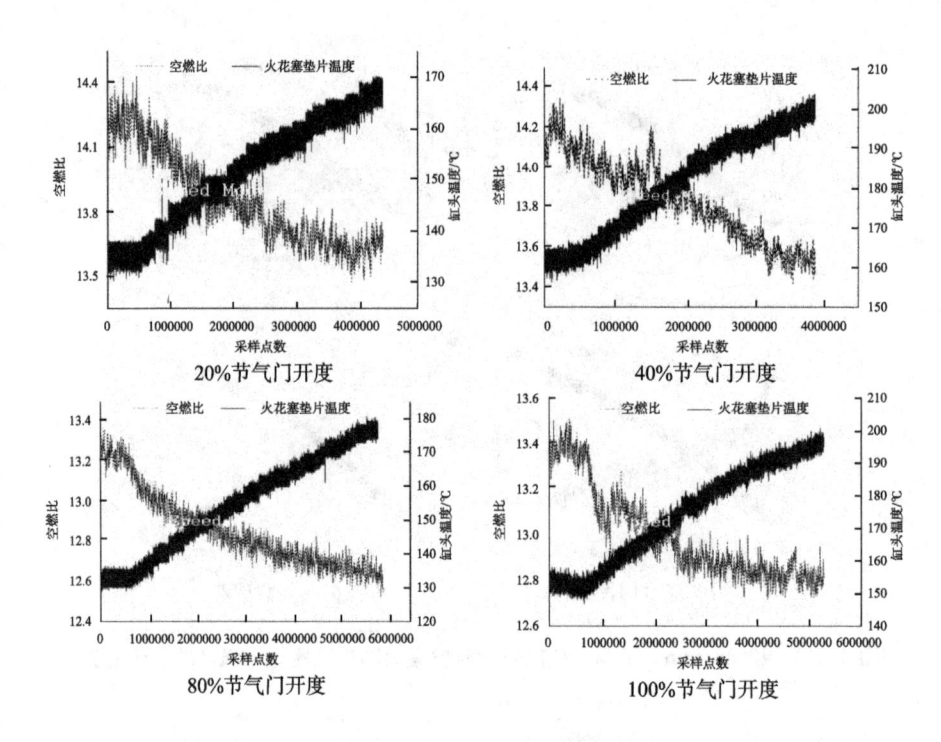

图 2-16 6000r/min、不同节气门开度时空燃比随火花塞垫片温度的变化趋势

表 2-4 2000r/min、20%节气门开度时，排放物随火花塞温度的变化趋势

火花塞垫片温度/℃	CO（%）	CO_2（%）	HC/10^{-6}	NO_x/10^{-6}
100	1.3	8.5	2193	13
110	2.21	7.6	2125	18
120	2.47	8.5	1612	31
130	2.51	8.9	1383	39
140	2.7	9.3	1211	43
150	2.85	9	1102	45

表 2-5 4000r/min、40%节气门开度时，排放物随火花塞温度的变化趋势

火花塞垫片温度/℃	CO（%）	CO_2（%）	HC/10^{-6}	NO_x/10^{-6}
105	1.47	7.5	2326	36
120	1.29	7.6	2008	41

续表

火花塞垫片温度/℃	CO（%）	CO_2（%）	HC/10^{-6}	NO_x/10^{-6}
130	1.29	7.9	1804	40
140	1.29	8	1622	41
150	1.33	7.8	1406	47
160	1.44	7.9	1240	54

表2-6　5000r/min、100%节气门开度时，排放物随火花塞温度的变化趋势

火花塞垫片温度/℃	CO（%）	CO_2（%）	HC/10^{-6}	NO_x/10^{-6}
130	0.93	8.8	1500	35
140	0.38	8.8	1480	34
150	0.38	9	1420	41
160	0.42	9.2	1219	63
170	0.45	9.5	950	69
180	0.55	9.6	783	69

由以上分析可知，所研究发动机存在附壁油膜循环剥落现象，而改善附壁油膜循环剥落的方法主要是加速燃油挥发。根据参考文献［79］的观点，有图2-17所示的三种喷油时刻，将喷油时刻提前时有助于减少附壁油膜量。因此在试验过程中，喷油时刻设置为膨胀上止点后40°CA，这样实际所采用的喷射方式即是闭阀喷射。为此接下来的工作就是研究在闭阀喷射模式下如何提高燃油挥发速率。

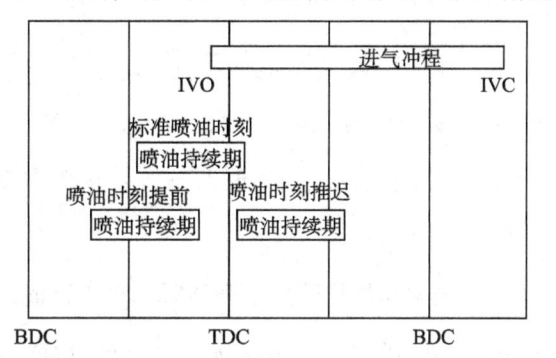

图2-17　喷油过程相位示意图

2.3 本章小结

本章利用台架试验的方法，通过改变发动机参数来探讨附壁油膜进入气缸的形式，得到以下主要结论：

1) 通过比较采用 M/P 模式测量发动机瞬时转速变化、采用 N/P 模式测量缸压及采用 N/P 模式测量空燃比值，指出采用 N/P 模式测量空燃比值能够较好地检测是否存在附壁油膜堆积现象。

2) 采用隔循环减油时，随着间隔循环数的增加，空燃比波动变大，没有出现随着间隔次数的增加而空燃比越来越接近不减油时值的现象，表明所研究发动机不存在附壁油膜堆积现象。

3) 当无风机冷却时，火花塞垫片温度、进气阀背面温度及进气道温度的变化趋势一致。当施加风机冷却时，火花塞垫片温度迅速降低，而进气道及进气阀背面温度的降低则存在时间延迟，表明当无冷却时可以利用火花垫片温度代表机体温度。

4) 在稳态工况下如果存在附壁油膜循环剥落现象，当改变燃油挥发速率时，会减弱此现象的程度，从而使空燃比发生变化。基于此采用改变机体温度及附壁油膜挥发时间的方法来考察是否存在附壁油膜循环剥落现象。

5) 当发动机机体温度升高时，空燃比值迅速减小，HC 排放不断下降而 NO_x 排放不断增加，这表明发动机存在附壁油膜循环剥落现象。

6) 随着喷油时刻的推迟，发动机空燃比升高、HC 排放增加、NO_x 排放减小，这表明发动机存在附壁油膜循环剥落现象。

第 3 章　计算模型的建立与验证

在第 2 章中验证了发动机存在附壁油膜循环剥落现象,并且提出需要对闭阀喷射模式下如何提高燃油挥发速率进行分析。为详细分析燃油挥发速率与其影响因素之间的关系,拟采用数值计算的方法进行研究。而采用数值计算的方法进行研究的前提是计算模型的建立及所采用计算方法可行性的验证。

为此,本章首先建立计算所需的网格模型,根据所研究的实际问题,选择相应的喷雾及附壁油膜模型,然后通过可视化试验与数值计算结果对比验证模型的正确性。

3.1　计算流体力学简介

CFD 是计算流体力学（Computational Fluid Dynamics）的英文首字母缩写,它是在经典力学、数值计算方法和计算机技术的基础上建立起来的新型学科。与实验相比,应用 CFD 辅助发动机工程来进行内流系统的模拟计算,不仅能提供实验研究不可能提供的信息量,而且花费少、周期短、实用性强、效果明显,并能充分反映结构参数几何形状的影响,有关参数的获取、分析与实验相比要简单、迅速，从而为设计发动机结构、开发新型燃烧系统提供预见性指导。随着 CFD 技术的飞速进步和计算机容量与速度的提高，CFD 不但是流体力学基础研究的重要领域，而且已成为解决工程实际的最有效工具之一，用 CFD 解决实际工程问题已取得了相当的成功，并越来越受到国际工程科学领域的重视，CFD 与实验方法互补，已成为现代科学研究技术不可或缺的最重要手段。

内燃机工作过程中伴随着非常复杂的流体运动，不仅有气体的流动，还包括喷油、雾化、蒸发及燃烧过程，缸内的物理现象极其复杂，涉及各种流体力学及化学动力学。此外，内燃机是一个复杂的几何体，并且随着活塞和进排气阀的运动，流体边界和边界条件都处于快速的变化状态，故难以完全确定各点的不稳定边界条件，这就需要建立各种各样的物理化学模型以简化方程。由于这些特点的存在，内燃机缸内数值模拟也经历了从简单到复杂、由粗略到精确、从零维到多维的艰难发展历程。经过数十年的发展，内燃机数值模拟已经初步成型。但是其中的很多子模型如喷雾、混合、燃烧等，仍然不完善。因此，内燃机的数值模拟必须与试验测量技术、流体力学理论、应用数学、计算机技术的发展紧密配合，充分吸取这些领域的成果，不断完善对内燃机整个工作过程的反映。

3.1.1 数学模型

数学模型建立得恰当与否直接关系到所研究物理现象描述的真实性和数值解析结果的可靠性，是数值模拟的关键因素。发动机液态燃料喷雾流动过程遵循热流体运动过程的一般规律，同时也伴随着强烈的流体流动现象，需要在数学模型中予以充分考虑，并在适当的地方予以修改和增补。

3.1.2 基本控制方程

1. 质量守恒方程

$$\frac{\partial \hat{\rho}}{\partial t} + \frac{\partial \hat{\rho}\hat{U}}{\partial x} + \frac{\partial \hat{\rho}\hat{V}}{\partial y} + \frac{\partial \hat{\rho}\hat{W}}{\partial z} = 0 \qquad (3-1)$$

式中，$\hat{U}$ 为 x 轴方向的速度；$\hat{V}$ 为 y 轴方向的速度；$\hat{W}$ 为 z 轴方向的速度。

2. 动量守恒方程

x 轴的动量方程

$$\hat{\rho}\frac{\mathrm{D}\hat{U}}{\mathrm{D}t} = \hat{\rho}g_x - \frac{\partial \hat{p}}{\partial x} + \frac{\partial}{\partial x}\left[\mu\left(\frac{\partial \hat{U}}{\partial y} + \frac{\partial \hat{V}}{\partial x} - \frac{2}{3}\frac{\partial \hat{W}}{\partial z}\delta_{xy}\right)\right] \qquad (3-2)$$

y 轴的动量方程

$$\hat{\rho}\frac{\mathrm{D}\hat{V}}{\mathrm{D}t} = \hat{\rho}g_y - \frac{\partial \hat{p}}{\partial y} + \frac{\partial}{\partial y}\left[\mu\left(\frac{\partial \hat{V}}{\partial z} + \frac{\partial \hat{W}}{\partial y} - \frac{2}{3}\frac{\partial \hat{U}}{\partial x}\delta_{yz}\right)\right] \qquad (3-3)$$

z 轴的动量方程

$$\hat{\rho}\frac{\mathrm{D}\hat{W}}{\mathrm{D}t} = \hat{\rho}g_z - \frac{\partial \hat{p}}{\partial z} + \frac{\partial}{\partial z}\left[\mu\left(\frac{\partial \hat{W}}{\partial x} + \frac{\partial \hat{U}}{\partial z} - \frac{2}{3}\frac{\partial \hat{V}}{\partial y}\delta_{zx}\right)\right] \qquad (3-4)$$

式中，$\hat{p}$ 为静压；μ 为分子摩尔粘性系数。

3. 能量守恒方程

$$\hat{\rho}\frac{\mathrm{D}\hat{H}}{\mathrm{D}t} = \hat{\rho}\dot{q}_g + \frac{\partial \hat{p}}{\partial t} + \frac{\partial}{\partial x_i}(\hat{\tau}_{ij}\hat{U}_j) + \frac{\partial}{\partial x_j}\left(\lambda\frac{\partial \hat{T}}{\partial x_j}\right) \qquad (3-5)$$

式中，$\hat{H}$ 为总焓；T 为温度；$\hat{\tau}_{ij}$ 为偏应力张量；$\dot{q}_g$ 是热流量。

3.1.3 补充方程

式（3-1）~式（3-5）中包括六个变量，如果流体的其他物性参数

如动力粘度 μ、分子平均自由程 $\bar{\lambda}$、体积压缩率 k 也随着其他状态参数变化，则方程组中存在着 9 个变量，需引入至少 4 个补充关系式。

理想气体状态方程：

$$p = \rho RT \qquad (3-6)$$

内能公式：

$$e = e(\rho, T) \qquad (3-7)$$

物性参数和状态参数的关系：

$$\mu = \mu(\rho, T) \qquad (3-8)$$

$$\bar{\lambda} = \bar{\lambda}(\rho, T) \qquad (3-9)$$

$$k = k(\rho, T) \qquad (3-10)$$

3.1.4 湍流及其数学描述

上述建立的偏微分方程虽然可以描述复杂的湍流流场，但由于各方程具有高度复杂性、耦合性的特点，直接求解复杂湍流流场的瞬时控制方程仍不现实。基于各态遍历假设的时间平均法在研究湍流方面得到了广泛的应用，物理量的瞬时值 $\hat{\varphi}$ 与时均值 Φ 和脉动值 φ 之间的关系为：$\hat{\varphi} = \Phi + \varphi$。根据这种方法推导的湍流控制方程为：

1. 湍流的连续性时均方程

$$\frac{\partial(\rho U)}{\partial x} + \frac{\partial(\rho V)}{\partial y} + \frac{\partial(\rho W)}{\partial z} = 0 \qquad (3-11)$$

2. 湍流的雷诺方程

x 方向动量时均方程

$$\rho \frac{DU}{Dt} = \rho g_x - \frac{\partial p}{\partial x} + \frac{\partial}{\partial y}\left[\mu\left(\frac{\partial U}{\partial y} + \frac{\partial V}{\partial x} - \frac{2}{3}\frac{\partial W}{\partial z}\delta_{xy}\right) - \rho \overline{uv}\right] \qquad (3-12)$$

y 方向动量时均方程

$$\rho \frac{\mathrm{D}V}{\mathrm{D}t} = \rho g_y - \frac{\partial p}{\partial y} + \frac{\partial}{\partial x}\left[\mu\left(\frac{\partial V}{\partial z} + \frac{\partial W}{\partial y} - \frac{2}{3}\frac{\partial U}{\partial x}\delta_{yz}\right) - \rho \overline{vw}\right] \quad (3-13)$$

z 方向动量时均方程

$$\rho \frac{\mathrm{D}W}{\mathrm{D}t} = \rho g_z - \frac{\partial p}{\partial z} + \frac{\partial}{\partial x}\left[\mu\left(\frac{\partial W}{\partial x} + \frac{\partial U}{\partial z} - \frac{2}{3}\frac{\partial V}{\partial y}\delta_{zx}\right) - \rho \overline{wu}\right] \quad (3-14)$$

3. 湍流的能量时均方程

$$\rho \frac{\mathrm{D}H}{\mathrm{D}t} = \rho\left(\frac{\partial H}{\partial t} + U_j\frac{\partial H}{\partial x_j}\right) = \rho \dot{q}_g + \frac{\partial p}{\partial t} + \frac{\partial}{\partial x_i}(U_j\tau_{ij}) + \frac{\partial}{\partial x_i}\left(\lambda\frac{\partial T}{\partial x_i}\right) \quad (3-15)$$

以上方程中，g 项为湍流应力或雷诺应力对时均流场所做的变形功，为耗散项，又称为脉动能量的产生项。这一项也是湍流流场能量方程的重要特征。

由式（3-11）~式（3-15）描述的湍流运动的偏微分方程可知，相对于描述热流体运动过程的基本方程，增加了六个未知的雷诺应力项，因此建立的湍流方程存在着不封闭的问题。为了使用建立的湍流方程解决实际问题，必须首先解决方程的封闭性问题。下文将简要介绍几种被广泛应用的二阶封闭湍流模型，并从中寻求解决所研究问题的最佳湍流模型。在介绍湍流模型之前必须明确脉动动能、Boussinesq 假设和湍流扩散系数的概念。

1) 脉动动能定义为：

$$k = \frac{1}{2}\overline{u_i' u_i'} = \frac{1}{2}\overline{u_1'^2 + u_2'^2 + u_3'^2} \quad (3-16)$$

2) Boussinesq 假设。与研究层流时流体应力与应变率间的本构关系相似，湍流脉动造成的雷诺应力可以表示为：

$$-\rho \overline{u_i' u_j'} = -p_t\delta_{i,j} + \mu_t\left(\frac{\partial u_i}{\partial x_j} + \frac{\partial u_j}{\partial x_i}\right) - \frac{2}{3}\mu_t\delta_{i,j}\mathrm{div}V \quad (3-17)$$

式中，μ_t 为湍流粘性系数；p_t 为脉动速度造成的压力，$p_t = \frac{2}{3}\rho k$。

3）湍流扩散系数定义为：

$$-\rho \overline{u_i' \varphi'} = \Gamma_t \frac{\partial \phi}{\partial x_j} \quad (3-18)$$

式中，Γ_t 为变量 ϕ 的湍流扩散系数。

在 Boussinesq 假设的条件下，时均方程中雷诺应力的求解转变为湍流粘性系数 μ_t 的确定。在二阶湍流模型中，引入了能量耗散率 ε 的定义：

$$\varepsilon = \nu \overline{\frac{\partial u_i'}{\partial x_l} \frac{\partial u_i'}{\partial x_l}} \quad (3-19)$$

并引入关于 ε 与 k 的关系式：

$$\varepsilon = C_\mu \frac{k^{3/2}}{l} \quad (3-20)$$

式中，C_μ 为经验系数；l 为混合长度。

湍流粘性系数 μ_t 与 k 和 ε 的关系式为：

$$\mu_t = c_\mu \rho k^2 / \varepsilon \quad (3-21)$$

发展起来的湍流模型主要有混合长度模型、一方程模型、两方程模型、Reynolds 应力模型等。两方程模型中 $k-\varepsilon$ 模型应用最广。基于本研究课题减压沸腾过程中剧烈的汽化现象、非定常性和高雷诺数等特点，选用了标准 $k-\varepsilon$ 模型[67,68]和壁面函数法使湍流方程得到封闭。标准 $k-\varepsilon$ 模型表述如下：

$$\frac{\partial \rho k}{\partial t} + \frac{\partial (\rho k u_i)}{\partial x_i} = G - \rho\varepsilon + \frac{\partial}{\partial x_j}\left(\mu + \frac{\mu_t}{\sigma_k}\frac{\partial k}{\partial x_j}\right) \quad (3-22)$$

$$\frac{\partial (\rho\varepsilon)}{\partial t} + \frac{\partial (\rho\varepsilon u_i)}{\partial x_i} = \frac{\partial}{\partial x_j}\left[\left(\mu + \frac{\mu_t}{\sigma_\varepsilon}\right)\frac{\partial \varepsilon}{\partial x_j}\right] + \frac{C_{\varepsilon 1}}{k}G_k - C_{\varepsilon 2}\rho \frac{\varepsilon^2}{k} \quad (3-23)$$

式中，$G = -\frac{\mu_t}{\rho\sigma_\rho}\nabla\rho$；$C_\mu$、$C_{\varepsilon 1}$、$C_{\varepsilon 2}$、$C_{\varepsilon 3}$、$C_{\varepsilon 4}$、$\sigma_k$、$\sigma_\varepsilon$ 和 σ_ρ 是经验系数，它们的值一般可取表 3-1 中的值。

表 3-1 经验系数

C_μ	$C_{\varepsilon 1}$	$C_{\varepsilon 2}$	$C_{\varepsilon 3}$	$C_{\varepsilon 4}$	σ_k	σ_ε	σ_ρ
0.09	1.44	1.92	0.8	0.33	1	1.3	0.9

3.1.5 喷雾模型的控制方程

在本文所研究的混合气的形成过程中，对混合气的形成过程产生主要影响的是液滴的破碎、蒸发、碰撞以及液滴与周围气体的相互作用，有必要建立描述喷雾过程中液滴的蒸发模型、破碎模型、碰撞模型和湍流扩散模型。

1. 喷雾粒子的基本方程

$$m_d \frac{du_{id}}{dt} = F_{idr} + F_{ig} + F_{ip} + F_{ib} \qquad (3-24)$$

式中，F_{idr} 是阻力；F_{ig} 是地心引力；F_{ip} 是浮力；F_{ib} 是由压力引起的力和其他外部力。

比较以上所有力的数量级大小，阻力是唯一与燃料喷射和燃烧相关的力，其他的三项力在本文的计算中可以忽略不计。

2. 液滴的蒸发模型

液滴的蒸发模型是基于 Dukowicz 建立的数学模型基础之上的，该模型做了如下假设：

1) 假设液滴是球对称的。

2）液滴周围有稳定的气体层。

3）整个液滴温度保持一致。

4）液滴周围流体的物理特性保持一致。

5）液滴表面液体和蒸气保持热平衡。

实际的液态燃油自由喷射时，液滴的蒸发过程基本上遵循上述的假设，因此液态油滴的蒸发方程可描述为：

$$m_\mathrm{d} c_\mathrm{pd} \frac{\mathrm{d}T_\mathrm{d}}{\mathrm{d}t} = L \frac{\mathrm{d}m_\mathrm{d}}{\mathrm{d}t} + \dot{Q} \qquad (3-25)$$

式中，m_d 是液态燃油的单个液滴的质量；c_pd 是液态的比热容；T_d 是燃油单个液滴的温度；L 是液态燃油的蒸发潜热；$\dot{Q}$ 是从周围气体向液态燃油液滴表面的对流传热的热流率。

3. 雾化（破碎）模型

随着对雾化过程的了解不断加深，一系列有关雾化的数学模型相继涌现，各个模型对于雾化过程的建模的区别在于初次雾化和二次雾化的处理。初次雾化是指高压液体从喷嘴喷射出以后，首先形成一股射流（即发动机中的油束），同时发生分裂。在此过程中可能产生大小、形状各不相同的液滴微团结构，从团块、条带、纤丝直到细小的雾粒。而二次雾化则是指初次雾化所产生的较大的团块和液滴在运动过程中继续分裂破碎，形成更小的液滴和雾粒。因此在建模的过程中，有的学者采用不区分的区别次雾化和二次雾化初次雾化，采用统一的模型将二者一并处理；有的将两个雾化过程分别考虑，并采用不同的模型或者组合模型进行计算，由此产生了不同的雾化模型。例如 Wave、TAB、KH – RT、FIPA。对于高压液体射流的离散液滴的分裂雾化，在气液界面的法向也存在由于两相之间密度的巨大差异而产生的惯性力，从而会引起另一种波动，即 Rayleigh – Taylor

波。R-T 扰动必须在液滴直径大于临界扰动波的波长时才能使液滴发生分裂,所产生的液滴尺寸要比 K-H 波所产生的子液滴大得多。对于汽油液态喷射来说,喷雾的初始速度很高,然后又受到很大的空气阻力,因而液滴所受的惯性力相当大,这就使得 R-T 不稳定波是不可忽略的。这些最不稳定的扰动波的波长和频率可表示为:

$$\Lambda = \sqrt{3}\lambda_c \sqrt{\frac{3\sigma}{a\rho_l}} \qquad (3-26)$$

$$\Omega = \sqrt{\frac{2a}{3}}\left(\frac{a\rho_l}{3\sigma}\right)^{1/4} \qquad (3-27)$$

式中,λ_c 是初始 R-T 扰动的临界波长;σ 是表面张力;a 是液滴的加速度。

液滴直径的计算方法是:先将母液滴的直径除以 R-T 波的临界波长,其商即为母液滴所产生的子液滴的总数,再按照液体总体积不变的原则,就可以得到每一子液滴的体积与直径。

4. 碰撞模型

燃油经过高压喷射(1~5MPa)、雾化等一系列复杂过程与空气混合,形成易于燃烧的混合气,在此过程中,由于实际尺寸的限制,无论是进气管喷射还是缸内直喷都不可避免地会涉及油束与进气管以及燃烧室壁面相撞。由于在撞壁后,喷雾形态及其燃料速度、浓度分布将会产生变化,进而会影响混合气的形成。研究发现,这种燃油壁面堆积是形成 HC、炭烟的主要原因,因此深入研究喷雾的碰壁过程对更详细地认识混合气的形成过程有非常重要的意义。影响喷雾撞壁过程的因素是非常复杂的,包括入射液滴的性质和壁面情况。入射液滴的性质包括液滴的尺寸 d_I、速度 v_I、入射角 α、温度 T_I 以及液体的特性,如黏度 μ、表面张力 σ、密度 ρ_I 等。

壁面情况包括壁面温度 T_w、表面粗糙度 R_w 和依附黏膜厚度 σ。撞壁后需要描述液滴撞壁后的运动特点，包括撞壁后液滴的尺寸分布 d_{32}、速度大小 v_R、反射角 β 及飞溅质量比 r_m（反射液滴质量与入射液滴质量之比）等，如图 3-1 所示。Bai 和 Gossman 对碰撞模型进行了详细的划分，包括以下几种：

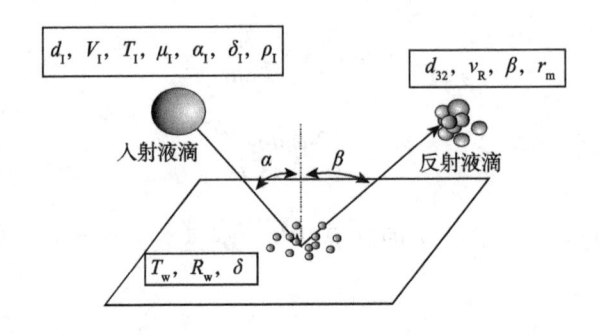

图 3-1 碰撞模型示意图

1）"黏附"：当液滴速度很小或者能量很低，而且壁温 T_w 低于某一特征温度 T_{PA} 时，入射液滴以近似于球形黏附在壁面上。

2）"摊布"：液滴以不太大的能量撞击壁面，如是干壁，就在壁上摊开而散布成油膜；如是湿壁，即与原有的油膜相融合。

3）"反射"：液滴与壁面相碰后发生反射而离壁。反射有两种情况：①当壁温高于另一特征温度 T_{PR} 时，干壁上的油蒸气薄层阻碍了液滴与壁面的接触；②在湿壁上，当撞击能量较低时，液滴与壁面液膜之间的空气薄层对液滴有缓冲作用，使液滴动能损失不大而发生反弹。

4）"沸腾导致破碎"：当壁温高于某一特征温度 T_N 时，即使液滴的撞击能量很小，它也会在热壁上迅速沸腾而引起破碎。

5）"反弹后分裂"：液滴撞击到热壁上（$T_w \leqslant T_{PR}$）反弹，并分裂成

2~3个小液滴。

6)"破碎":液滴在热壁($T_w > T_{PR}$)上首先发生大变形而向四周摊开,形成辐射状油膜,然后由油膜自身的热不稳定性引起油膜随机发生破碎。

7)"飞溅":当液滴以很高的能量撞击固壁时,形成冠状的空间油膜,其周边进一步发展成微射流,最终射流失稳而溅射大量细小液滴。

作为喷雾模型的一个子模型,壁面模型的主要任务有两个:一个是确定各种碰壁形态的定量数据;另一个是计算碰壁以后所形成的子液滴或原液膜的相关参数,并将结果作为源项提供给原喷雾模型中有关方程或者壁面油膜方程。Bai 和 Gosman 在忽略相邻碰壁液滴的干扰和气体边界的影响的前提下,将前面介绍的七种碰壁形态对于干壁和湿壁各简化为3种:

干壁:黏附——摊布——飞溅。

湿壁:反弹——摊布——飞溅。

Bai 和 Gosman 进一步假设:①各种形态之间的转换对应于一个确定的参数值,而非像事实那样有一定的范围;②黏附和摊布两种形态可合并为一种,即附壁;③以韦伯数为基本参数,忽略一些次要参数的影响。

(1)反弹

借鉴固体颗粒撞击固壁的研究成果,反弹液滴的速度与入射液滴有下列关系:

$$u_r = \frac{5}{7}u_e, \quad v_r = -\varepsilon v_e \qquad (3-28)$$

式中,u 和 v 分别是切向与法向速度,下标 e 和 r 分别代表入射与反射;ε 是所谓的"恢复系数",可按下式计算:

$$\varepsilon = 0.993 - 1.760 + 1.56\theta^2 - 0.49\theta^3 \qquad (3-29)$$

式中，θ 是以弧度计的液滴入射角。已知反射速度后，就可以继续按照自由喷雾的 DDM 模型计算液滴的进一步演化。

（2）飞溅

飞溅的计算比反弹要复杂，需要确定二次液滴与入射液滴总质量之比 m_s/m_e，以及二次液滴的尺寸、速度大小和方向。由以下经验公式得到：

$$r_m = m_s/m_e = \begin{cases} 0.2 + 0.6\alpha & \text{用于干壁} \\ 0.2 + 0.9\alpha & \text{用于湿壁} \end{cases} \quad (3-30)$$

式中，α 是在（0,1）范围内均匀分布的随机数。

假定撞壁的每个液滴团产生两个质量相等的二次液滴团，但后者所含液滴的直径和速度并不相等，分别为 d_1、d_2 和 U_1、U_2。如两个二次液滴所含液滴数分别为 N_1、N_2，则按照质量守恒有：

$$N_1 d_1^3 + N_2 d_2^3 = r_m d^3 \quad (3-31)$$

速度与直径之间的关系如下：

$$\left(\frac{U_1}{U_2}\right) \approx \ln\left(\frac{d_1}{d}\right) / \ln\left(\frac{d_2}{d}\right) \quad (3-32)$$

二次液滴的溅射角（溅射液滴团与固壁的夹角）由下式得到：

$$m_s U_1 \cos(\theta_1)/2 + m_s U_2 \cos(\theta_2)/2 = C_f m_e V\cos\theta \quad (3-33)$$

式中，C_f 为经验系数。

（3）附壁

根据薄膜近似，液膜中各参数在其厚壁方向的变化率远远小于其他两个方向。从而可以将附壁现象降为二维问题，可以用以下形式表示：

连续性方程：

$$\frac{\partial \rho_1 h}{\partial t} + \nabla_s\left[(\rho_1 \bar{u}_1 - v_w)h\right] = \dot{M} \quad (3-34)$$

动量方程：

$$\rho h \left\{ \frac{\partial u_f}{\partial t} + [(u_f - u_w) \nabla_s] u_f \right\} + h \nabla_s p_f = \tau_w t - \mu_1 T_f \frac{u_f - u_w}{h/2} +$$

$$\dot{P}_{imp} - (\dot{P}_{imp} \cdot n) n + \dot{M}_{imp} [(u_w \cdot n) n - u_f] + \delta p_f n + \rho h g \quad (3-35)$$

式中，$\dot{P}_{imp}$ 为单个粒子的动能。

能量方程：

$$\rho_1 h C_{v1} \left\{ \frac{\partial \overline{T}_1}{\partial t} + [\overline{u}_1 - v_w) \cdot \nabla_s] \overline{T}_s \right\}$$

$$= \lambda_1 \overline{T}_1 \left[\frac{T_s - \overline{T}_1}{h/2} - \frac{T_1 - T_w}{h/2} \right] + \dot{Q}_{imp} - I_1 \overline{T}_1 \dot{M}_{imp} \quad (3-36)$$

式中，h 为液膜厚度；$\overline{u}_1$ 和 v_w 分别为相对地面坐标系中的液膜当地平均速度和壁面运动速度（例如活塞和气阀的速度）；∇_s 为表面梯度算子；τ_w 是壁膜在气体一侧的剪切应力；T_f 是壁膜沿法线方向的平均温度；p_f 是壁膜的压力；δp_f 是跨越壁膜的压力差；μ_1 是液体的黏度；I_f、$C_{v1}f$ 和 λ_f 分别是液体的比内能、比定容热容和热导率。

3.2 数值求解方法

基于守恒原则所建立的基本控制方程，以及湍流模型、壁面函数、组分传输方程和气体流动的可压缩修正方程等，不但数学模型形式复杂，而且具有封闭性、非线性、联立耦合性等特点，决定了很难用解析法直接得到其解析解。采用多维数值模拟技术，将支配流场的偏微分方程组关于空间和时间按照特定的格式离散化为代数方程组，然后使用相应的数值方法对得到的代数方程组进行求解,求得描述流场的数学模型的近似离散解是一种行之有效的方法。

3.2.1 离散化方程的构建

离散化方程是联结一组节点因变量值的代数关系式,这样的方程从控制 φ 的微分方程得到,表达了和微分方程相同的物理内容。对给定的微分方程,其离散化方程并不是唯一的。离散化方程的构建方法有很多,如有限差分法、有限元法和有限容积法等。由有限容积法导出的离散化方程可以保证具有守恒特性,而且离散化方程系数的物理意义明确,并且其离散化方程构建灵活,因此是目前流动和换热的数值解析中最常用的方法,因此本课题采用有限容积法作为数值解析的离散化方程构建方法。

对因变量 φ 的输运守恒方程在图 3-2 所示的三角形二维网格上积分得到:

$$\sum_{f}^{N_{\text{faces}}} \rho_f u_f \varphi_f \cdot A_f = \sum_{f}^{N_{\text{faces}}} \Gamma_\varphi (\nabla \varphi)_n \cdot A_f + S_\varphi V \qquad (3-37)$$

式中,N_{faces} 是封闭控制体的面数;φ_f 是通过 f 面的 φ 值;$\rho_f u_f$ 是通过 f 面的质量流量;A_f 是 f 面的面积;$(\nabla \varphi)_n$ 是垂直于 f 面的 φ 的梯度;V 是控制体体积。

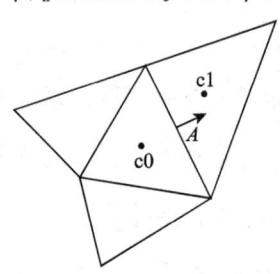

图 3-2 计算用控制体

计算得到的因变量 φ 的值存于图 3 – 2 所示的计算网格中心 c0、c1 位置，称为网格中心值；计算网格交界面上 φ_f 的值通过插值方法由相邻计算网格中心的值插值得到。本文对所有待求变量都采用了二阶精度迎风插值格式，以满足较高的求解精度的要求。由二阶精度迎风插值得到计算网格面上的值：

$$\varphi_f = \varphi + \nabla\varphi \cdot \Delta S \qquad (3-38)$$

式中，φ 为上游网格中心的 φ 值；$\nabla\varphi$ 是它在网格的梯度；ΔS 是从上游网格中心到 f 面中心的位移矢量。

3.2.2　采用 SIMPLE 法对离散化方程进行求解

对质量、动量、能量以及湍流和化学组分等支配流场的控制方程的离散化方程的线性化和求解采用了分离隐式算法，在分离算法中，每个计算参数对计算域中每个计算网格都有唯一的方程。由高斯－赛德尔线性方程求解法与代数多重网格法相结合求解以上方程组，可以获得每个计算网格的参数值。

在分离算法中，为了由动量方程求得速度场，要先给出一个估测的压力场，但由估测的压力场求得的速度场和估测的压力场不一定满足连续性方程。本文采用 SIMPLE 法（压力速度的半隐式耦合算法）求得压力和速度的修正值，使修正后的压力场相对应的速度场能满足这一迭代层次上的连续性方程，以达到压力场和速度场同时满足动量守恒方程和连续性方程的要求。其具体求解过程如下：

1）由一个估测的压力场 p^* 求解动量方程，得到速度场。

2）将该压力场和速度场代入连续性方程的离散化格式求得质量流

量为:

$$J_f^* = \hat{J}_f^* + d_f(p_{c0}^* - p_{c1}^*) \qquad (3-39)$$

但该质量流量并不满足质量守恒方程。因此需要加上一个修正项 J_f',以保证修正后的质量流量 J_f 满足连续性方程。

$$J_f = J_f^* + J_f' \qquad (3-40)$$

SIMPLE 算法假设 $J_f' = d_f(p_{c0}' - p_{c1}')$,其中 p' 是网格的压力修正值。

3) 将修正后的质量流量计算式代入连续性方程的离散化格式,以求得压力修正方程。

$$a_p p' = \sum_{nb} a_{nb} p_{nb}' + b \qquad (3-41)$$

式中,b 是流入网格的净质量流量:

$$b = \sum_{f}^{N_{\text{faces}}} J_f^* \qquad (3-42)$$

4) 求得到压力修正方程后,用求得的压力修正值修正压力场和质量流量:

$$p = p^* + \alpha_p p' \qquad (3-43)$$

$$J_f = J_f^* + d_f(p_{c0}' - p_{c1}') \qquad (3-44)$$

3.2.3 松弛因子

在用迭代法求解代数方程式的过程中,可以加快或减慢从属变数的变化。使从属变数加快的方法叫作过松弛(Over-Relaxation)。使从属变数减速的方法叫作欠松弛(Under-Relaxation)。FIRE 采用的是欠松弛,以防止两次迭代值相差太大引起发散。松弛因子的值为 0~1,取值越小表示两次迭代值之间变化越小,也就越稳定,但收敛也就越慢。对于非线性问题,往往通过迭代法求解,欠松弛法是获得迭代收敛非常有效的手段。欠松弛系数取 0~1,对于松弛系数的取值没有统一的规则,应根据问题的性质、网格点数、网格点的间隔、迭代求解过程中对某因子的依存性等确定,一般实际中由经验确定[72]。在本文的计算中,将支配流场的方程式离散化后所构成的代数方程组往往是非线性的,因此在计算中引入了欠松弛帮助获得计算的收敛。对于本文中可压缩超音速流动问题的求解,由于压强变化活跃,因此压强的松弛因子一般取 0.1 左右,其他松弛因子的值随研究问题的不同在计算过程中调整和确定。

3.3 计算网格生成

3.3.1 计算网格生成技术简介

对于三维流动问题的数值解析,网格生成技术有两种:结构化网格和非结构化网格。

1. 结构化网格

从严格意义上讲,结构化网格是指网格区域内所有的内部节点都具有相同的毗邻单元。它可以很容易地实现区域的边界拟合,适于流体和表面应力集中等方面的计算。它的主要优点是:网格生成的速度快、网格生成的质量好、数据结构简单。对曲面或空间的拟合大多数采用参数化或样条插值的方法得到,区域光滑,更容易与实际的模型接近。它最典型的缺点是适用的范围比较窄,只适用于形状规则的图形。尤其随着近几年的计算机和数值方法的快速发展,人们对求解区域的几何形状的复杂性的要求越来越高,在这种情况下,结构化网格生成技术就显得力不从心了。

2. 非结构化网格

与结构化网格的定义相对应,非结构化网格是指网格区域内的内部节点不具有相同的毗邻单元,即与网格剖分区域内的不同内部节点相连的网格数目不同。从定义上可以看出,结构化网格和非结构化网格有相互重叠的部分,即非结构化网格中可能会包含结构化网格的部分。其优点就是:不必保证网格的正交性;没有邻近控制容积总数的限制;对不规则边界能够较好地描述。

网格单元的形式比较灵活,有四面体、六面体、棱形、楔形和金字塔形等多种单元形式,如图3-3所示。其中结构化网格拓扑的单元形式以六面体为主,非结构化网格拓扑的单元以四面体为主。随着网格技术的发展,在不同区域视情况布置不同的网格拓扑形式的混合网格(Hybrid Mesh)技术逐渐成熟。在处理复杂几何形状流动问题时,结构化网格拓扑形式往往受到很大的限制,即使采用多块(Multi-Block)网格等技术,网格划分的工作量也非常大。非结构化网格的网格单元形式灵活,对几何形状适应性强,计算网格生成时间短,因此在处理复杂几何形状流动问题时优势明显。本文研究的进气管—进气阀—气缸结构决定了对生成模型的计算网格密度和质量提出了较高的要求,因此本文在喷嘴模型网格上选择了通用流体计算软件中的非结构化网格求解器,因此大大增加了网格单元形式和网格拓扑的灵活性。

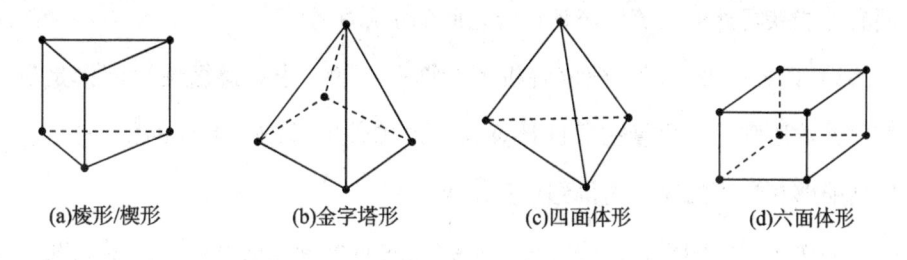

(a)棱形/楔形　　(b)金字塔形　　(c)四面体形　　(d)六面体形

图3-3　3D网格单元形式

3.3.2　汽油发动机数值模拟网格生成方案

在实际的数值计算求解过程中，由于受计算机处理速度、存储能力和字节长度的限制，不可能把网格划分得无限细，因此转而寻求在一定误差范围内网格独立的解。另外计算网格与数值解析结果的密切关系，不只表现在网格尺寸与计算精度的关系上，网格的偏斜度（Skewness）、平滑度（Smoothness，相邻网格过渡比）和网格纵横比（Aspect Ratio）等也影响着数值解的精度、稳定性和收敛性，尤其一定杜绝出现负网格（Negative Volumes、Negative Normals），否则计算不能正常进行，无法得到收敛解。从数值计算的观点来看，网格划分的一般要求是：

1）有利于计算效率的提高与计算误差的减小。不同的网格划分方法会影响控制微分方程以及离散化后的最终形式，进而影响计算工作量与计算误差。

2）各网格划分应尽可能地保持计算区域与实际流动区域的一致性，特别是在壁面边界处以及网格交界处，应使网格边界点落在物理区域边界上，这样一方面可以简化边界条件的处理，提高边界处理的精度；另一方

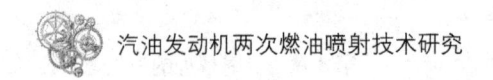

面有可能获得外形与流体流动性能之间的定量关系。

3）网格生成耗时、数值解析对计算资源的要求。遵循最少网格是最好网格的原则，即尽量在保证计算物理准确性的基础上减少网格的数量，以便能够在最短的时间内得到计算结果。

初次生成的网格，往往含有一定数量的质量较差的网格，主要是在实体模型上比较尖锐的部位，将含有坏网格的部位单独选出来，在提供的网格工具中采取体积优化（Volume optimizer）或自动平顺（Auto smoother）等平顺修正（Smooth）措施，去掉负网格（即 Negative Volumes 和 Negative Normals 的数量都为0），并尽可能减少偏斜度大于0.85（Skewness＞0.85）的网格，尽量减少扭曲平面（Twisted Faces）的数量。在保证没有负网格的前提下，整个网格模型中含有少许的偏斜度较低或极少扭曲平面的网格也是允许的，以保证计算的精度和收敛性。特别是，汽油进气阀处的结构复杂，其附近流体运动参数梯度非常大，因此应该严格限制计算网格的偏斜度和纵横比，在其附近生成平滑度大的细密计算网格，而对液态汽油自由喷雾域，喷雾主流方向的各向异性特征明显，因此计算网格纵横比应适当控制，离开喷嘴一定距离后，流体参数梯度也迅速减小，并结合自由喷雾域规则的几何形状，沿喷流方向生成渐疏的计算网格，以此在尽量减少计算网格总数的情况下获得精度较高的数值解。

3.4 计算模型的建立

计算网格的划分是保证数值计算准确性的重要环节。在实际的数值计算求解过程中，由于受到计算机处理速度、存储能力和字节长度的限制，不可能把网格划分得无限细,需要寻求在一定误差范围内网格独立的解。因此网格质量的好坏直接影响计算结果,优质的网格可以提高计算精度,加快计算收敛速度;劣质的网格会使计算产生较大的误差,甚至使计算无法进行下去。

3.4.1 计算网格的建立

根据发动机的实际尺寸建立模拟发动机工作过程的实体模型,将建立的实体模型输入 CFD 软件 FIRE 中,应用 FAME 技术生成体网格。发动机缸内瞬时流动计算的特点在于存在气门、活塞等运动部件,且不同时刻的运动速度和运动方向不一致,这为计算网格的动态调整增加了难度。网格过于稠密或者过于稀疏均会影响流动计算的精度,而非运动网格与运动网格之间的相对运动可能会造成网格的交错,需要采用两种处理方法:一种是网格瞬态咬合法(snap);另一种是网格再分区法(rezone)。本文所采用的是网格再分区法,即把实际的运动部件分别定义为运动部件、非运动部件和缓冲器,当实际发动机运动部件运动时,其余部分保持不动,只是对缓冲器进行拉伸,并通过对缸内流体计算区域网格节点的光顺处理,使网格质量得到保证。为此采用网格再分区法对进气阀及活塞两个部件进行处理,实现计算网格的动态调整。

对所研究的进气道喷射式发动机进行模拟分析时,为减少网格数量,缩短计算时间,可以根据进气阀是否开启用三种不同的网格模型来描述,如图 3-4 所示。进气阀开启之前的状态利用图 3-4(a)所示的进气道网格模型来模拟;进气阀开启后利用 3-4(b)所示的进气道+燃烧室网格模型来模拟;进气阀关闭后利用图 3-4(c)所示的燃烧室网格模型来模拟。

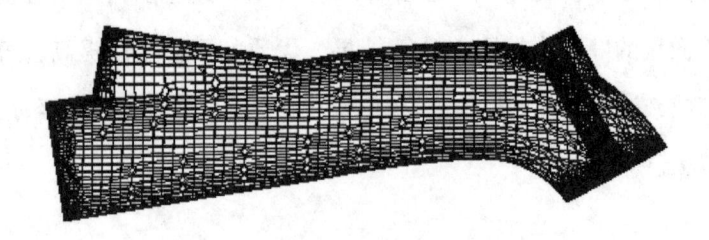

(a) 进气道网格模型

(b) 进气道 + 燃烧室网格模型

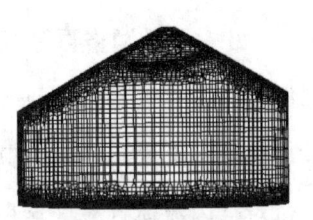

(c) 燃烧室网格模型

图 3-4 三种网格模型

3.4.2 气门关闭过程的处理

当气门接近关闭时,气门与气门座间网格的尺寸减小,气门与气门座间的单元层数量也随之减少。当两表面间只有一层单元时，随着气门升程的进一步减小，此层单元的厚度也逐渐减小，甚至可能出现厚度为零的情况。此状况下通过进气阀与进气阀座之间的缝隙的流动计算会变得很不稳定，甚至无法进行。为避免这种现象发生，当气门升程小于单个单元层厚度时，便可认为气门已经关闭；而当气门升程大于单个单元层厚度时，可认为气门已经开启，边界条件由壁面边界改为流体边界，可使问题得到解决。

3.4.3 计算模型的选择

油膜附壁现象涉及喷雾、碰壁及混合等过程，常用的模型包括喷雾模型、雾化模型、蒸发模型及附壁油膜模型。

例如 Wave、TAB、KH–RT、FIPA。在此不对各个模型的物理背景做深入讨论，只对各个模型针对发动机的喷雾过程的应用范围进行总结：Wave 可调整的参数不多，结果可靠，适用于多喷孔的柴油机；FIPA 和 KH–RT 模型适用的范围更广（其 We 数可以很小），适用于柴油机和汽油机；TAB 模型不适用于柴油喷射，可以应用于低速的汽油喷射过程（空锥形喷射或者漩流喷射）。本文所选用的破碎模型为 TAB。

附壁油膜模型的主要任务有两个：一是确定各种碰壁形态的定量数据；二是计算碰壁以后所形成子液滴及附壁油膜的相关参数，并将结果作为源项提供给原喷雾模型中的有关方程。

为了与喷雾模型实现交互，碰壁后的附壁油膜发展过程采用 Mundo Sommerfeld 模型来模拟。

3.5 喷雾模型的验证

利用可视化试验对模型进行验证,可采用的方法比较多。常用的有纹影法与激光散射法,但是由于可视化方法原理不同,在实际应用过程中会有一定的区别。因此,本文首先通过比较分析常用的纹影法与激光散射法所得的试验结果,考查两种可视化方法在油膜附壁现象研究中的适应性,然后验证喷雾及附壁油膜模型的正确性。

3.5.1 试验装置及原理

试验中用到的主要仪器有纹影法光源、激光散射法光源、相机、反射镜及喷嘴等,具体参数及试验条件见表3-2。

表3-2 主要试验仪器参数及试验条件

项目	参数	项目	参数
纹影法光源	150W 氙灯	喷嘴	单孔喷嘴,直径0.2mm
激光散射法光源	激光	喷射压力	0.3MPa
相机/Basler 601AC	快门:1/50000s	环境压力	0.1MPa
相机/Basler 601AC	分辨率:656×490 像素	环境温度	25℃
反射镜	$D=150mm, f=1500mm$	壁面温度	25℃
镜头/AvenirTVSL08551	焦距f:8.5~51mm,光圈:F1.2	喷油持续期	3ms

1. 纹影法

纹影法试验装置如图3-5所示,整个试验装置分为7个系统,即供油系统、电控喷油系统、光源系统、反射式系统、纹影系统、高速摄影系统、壁面和信号采集系统。

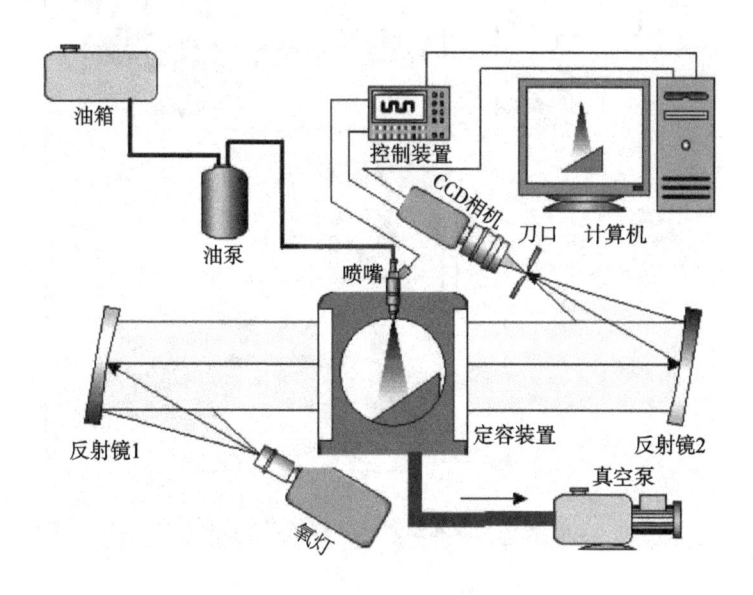

图 3-5　纹影法试验装置示意图

试验时，点光源氙灯发出的锥形光经反射镜 1 转换为平行光后，在试验喷雾区域被扰动，由反射镜 2 将其会聚于刀口处，经刀口切割光源像后进入 CCD 照相机，得到喷雾图像。

2. 激光散射法

激光散射法试验装置如图 3-6 所示，装置分为 5 个系统，即供油系统、电控喷油系统、激光系统、高速摄影系统、壁面和信号采集系统。

试验时，以激光作光源产生片光，在激光光路的垂直方向上布置 CCD 相机，喷雾开始后根据要观察的时刻提前将 CCD 相机打开，由于此时没有光源，镜头中没有图像；当激光脉冲片光到来时，液体油滴由于散射的作用在镜头中成像，即通过激光脉冲片光来控制拍照时刻。

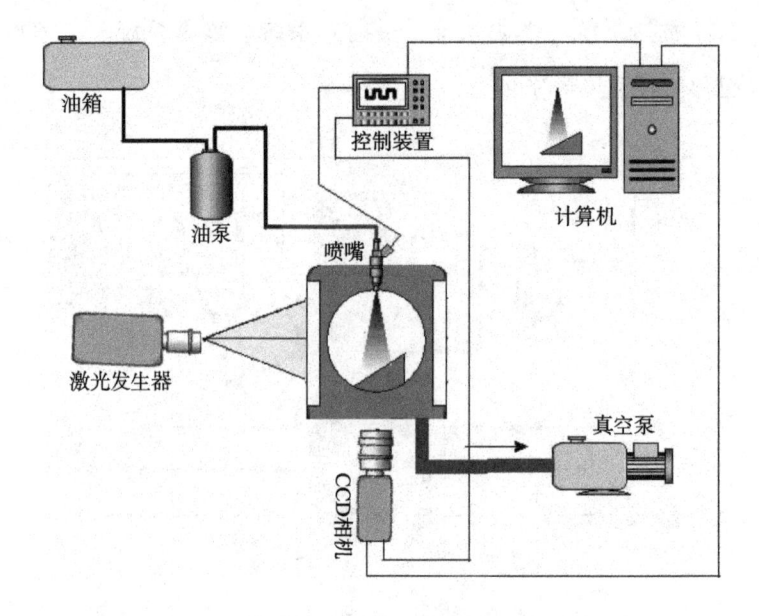

图3-6　激光散射法试验装置示意图

3.5.2　CCD相机拍照时刻的设置

　　试验中参考汽油机的实际喷油脉宽，将喷射持续期设定为3ms，开始时刻设定为燃油刚喷出喷孔的瞬间，记为$t=0$ms。由于所使用的CCD相机最大帧率为30f/s，相机拍摄完1张图像后，再拍下一张最少还需要33.3ms的准备时间，远大于喷油持续时间，CCD不能在一个喷射周期内完整地记录整个燃油发展过程。因此，在试验中通过控制单元以一定的时序控制相机曝光和某时刻的喷射过程同步，在一个喷射周期只拍摄某一特定时刻的图像。在试验中使用的时序如图3-7所示，这样拍摄可以得到时间间隔为1ms的图像序列，通过IEEE1394接口送入计算机进行处理，观察汽油的喷射及碰壁过程。

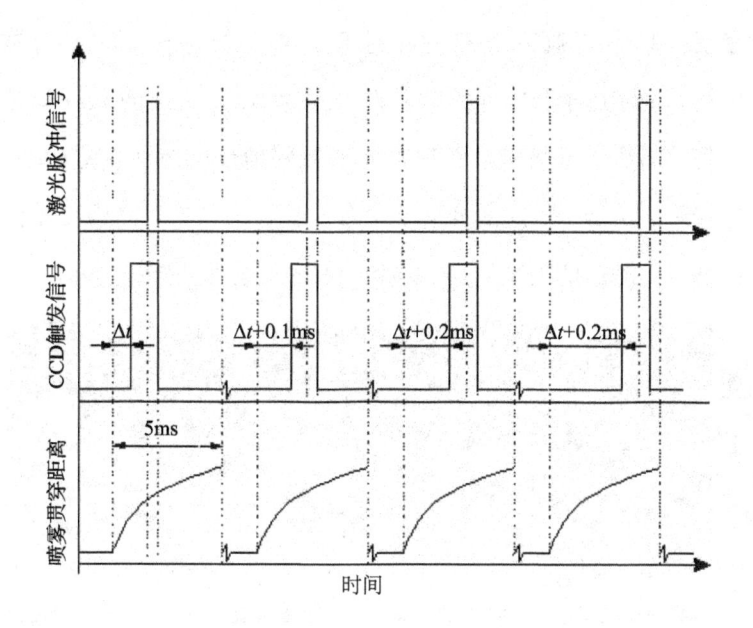

图 3-7 喷雾、CCD 相机和激光信号时序图

3.5.3 计算结果与试验结果的比较

1. 喷雾碰壁整体发展过程的比较

实际发动机在冷起动时转速较低，燃油发展有充足的时间，通过分析得到的图片，只选取最具有代表意义的前 10ms 的图像来分析。

图 3-8 所示为利用激光散射法及纹影法得到的燃油喷射开始后 3~10ms 之间的燃油喷射及碰壁过程的对比图片。由 3~6ms 的对比可以看出，无论是纹影法还是激光散射法，都表明燃油在 0.3MPa 的喷射压力下，几乎是以柱状形式全部到达壁面，基本上不存在空间挥发，燃油沿壁面的扩张很快；不同的是激光散射法得到的图片表明在喷雾到达壁面后的很短时间内飞溅非常明显，可以很明显地观察到飞溅后的细微油雾。主要原因是

纹影技术反映的是被测场密度变化相对于光线折射率变化的一阶导数，而激光散射法是利用燃油与空气的散射光强度的不同，因此在没有燃油挥发时，无论是纹影法还是激光散射法都能够较好地反映燃油喷雾碰壁情况；而对于比较细小油雾，引起的梯度变化不明显，但是散射光强度不同却很明显。因此，飞溅后的细微油雾能够利用激光散射法清晰地显示。

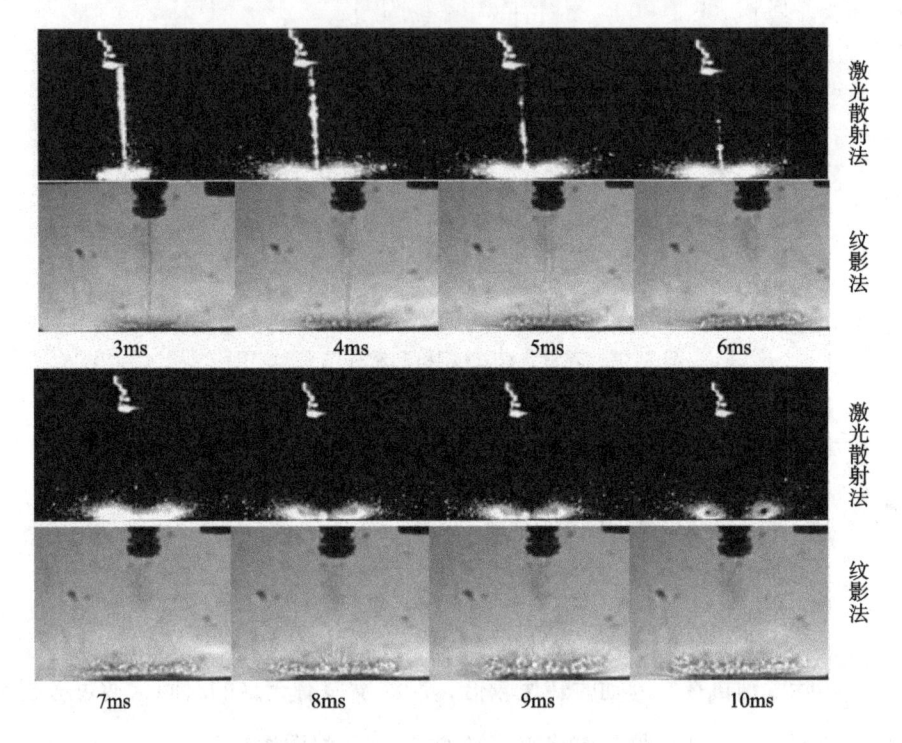

图 3-8　激光散射法及纹影法得到的汽油喷雾及碰壁过程

由图 3-8 中 7ms 和 8ms 时刻的图片可以看出，随着时间的推移，激光散射法得到的附壁油膜区域明显小于纹影法得到的附壁油膜区域。其原因是随着时间的推迟燃油不断挥发，使得壁面附近充满燃油与空气的混合气，而纹影技术反映的是被测场密度的变化，导致得到的图片既包括液态形式的燃油又包括燃油混合气，而激光散射法只对液态燃油敏感，得到的只是液态燃油的图像,因此纹影法得到的附壁油膜区域大于激光散射法得到的附壁油膜区域。

图3-8中9ms与10ms的图像表明,壁面附壁油膜经过一段时间的发展,喷雾落点处燃油量不断减少,直至出现落点处无附壁油膜的情况,同时沿壁面运动的燃油出现明显的卷吸现象,前端燃油被卷吸倒流;而纹影法得到的图像则没有明显不同。其原因是壁面附壁油膜的形成对于燃油起到黏滞作用,在空气阻力的共同作用下使得沿壁面运动的燃油出现明显的卷吸现象,使得燃油的扩张减缓。由于激光散射法采用片光作为光源,得到的图片为喷雾某一截面的图像,能够比较清楚地反映出燃油沿壁面的运动情况,对于纹影法来说其得到的图像为整个光路中所有燃油蒸气和燃油,反而淹没了壁面附壁油膜的运动过程。

2. 喷雾撞壁后油束投影面积的比较

喷雾撞壁示意图如图3-9所示,燃油喷雾撞壁后的特征可用半径 R 及高度 H 来表征,其中,半径 R 可间接表示燃油撞壁后的分布面积(假设燃油分布为圆形),结合喷雾高度 H 可表示图像中油束的投影总面积,而投影面积可间接地反映撞壁油束的雾化效果,即撞壁喷雾雾化的总量。

图3-10和图3-11分别为喷雾高度及分布面积直径随时间的变化曲线。为比较纹影法与激光散射法所得数值的差值,在图中采用纹影法与激光散射法差值百分比来表示,定义为 $\frac{纹影法值 - 激光散射法值}{纹影法值} \times 100\%$。

图3-9 喷雾撞壁示意图

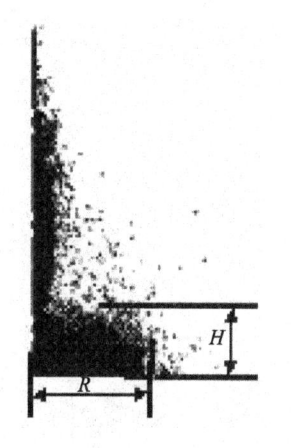

由图3-10可以看出,采用纹影法得到的喷雾高度随时间的推移不断增大,

而采用激光散射法得到的喷雾高度随时间的变化曲线先增大后减小，并且存在明显的转折点，在7ms以前，纹影法与激光散射法得到的值基本一致，而在7ms之后，纹影法得到的值明显大于激光散射法。图3－11所分布面积直径也有着相同的趋势，并且转折点也在7ms附近。

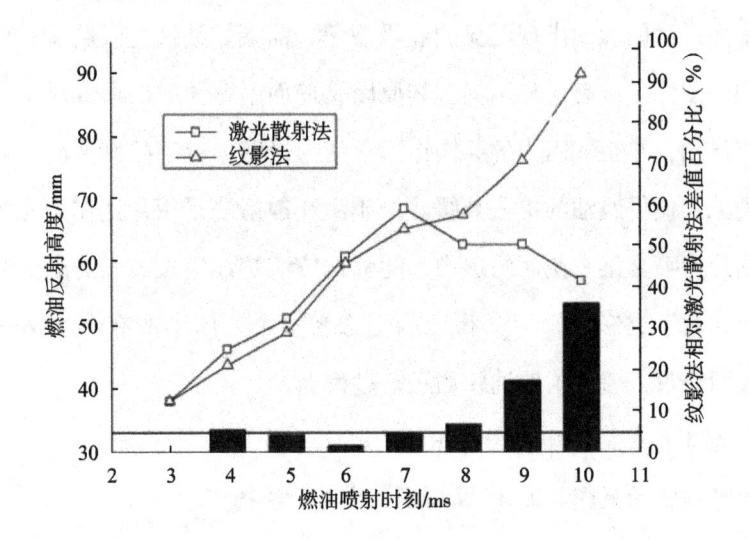

图3－10 喷雾高度随时间的变化曲线图

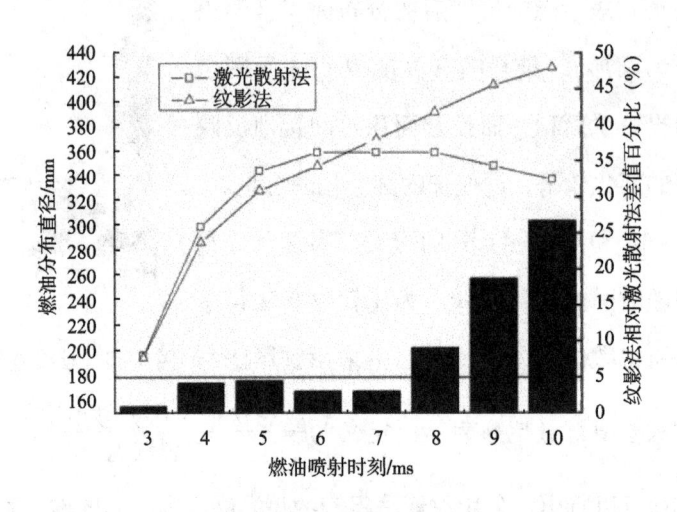

图3－11 分布面积直径随时间变化曲线

由前面的分析可知，燃油在 0.3MPa 的喷射压力下喷射，空间挥发作用非常有限，基本不存在燃油蒸气，因此在碰壁初期，两种可视化方法得到的喷雾图像基本一致。通过纹影法与激光散射法差值百分比可以看出，在 7ms 之前其数值基本小于 5%，因此可以认为在误差范围内，两者数值相等；随着时间的推移，燃油不断挥发，使得壁面附近有大量的燃油蒸气存在。纹影技术反映的是被测场密度的变化，导致得到的图像既包括液态形式的燃油又包括燃油混合气，而激光散射法只对液态燃油敏感，得到的只是液态燃油的图像，燃油高度与分布面积直径不再增加，相反，由于燃油的蒸发作用略有下降的趋势，这与激光诱导荧光法得到的结论一致。

由此可以说明，在附壁油膜模型验证过程中，研究重点是液态形式的燃油，燃油蒸气的存在反而会起到干扰的作用。纹影法得到的图像不仅包括液态燃油，同时还包括燃油蒸气，使得研究过程中丢失部分重要信息；激光散射法只对液态燃油敏感，为研究油膜附壁现象提供可能，激光散射法在壁面附壁油膜的研究中有更好的适应性。

3. 喷雾模型的验证

图 3-12 所示为利用数值计算的方法和可视化试验得到的喷雾图像及浓度场分布图。其中，图 3-12（a）所示为纹影法与数值计算喷雾碰壁图像的对比，通过可视化试验结果与数值计算结果的对比可以看到，模型预测的喷雾及碰壁过程与试验结果都比较吻合；图 3-12（b）所示为激光散射法所得的图像与数值计算所得浓度场的对比图。由于激光散射法采用的是片光，所得图形为喷雾的某一界面，因此利用数值计算的中心界面的浓度场与之进行对比可知，所采用的计算模型能够较好地反映燃油撞壁后的发展过程。因此所采用的喷雾及撞壁子模型可以用于后续的研究中。

可视化试验

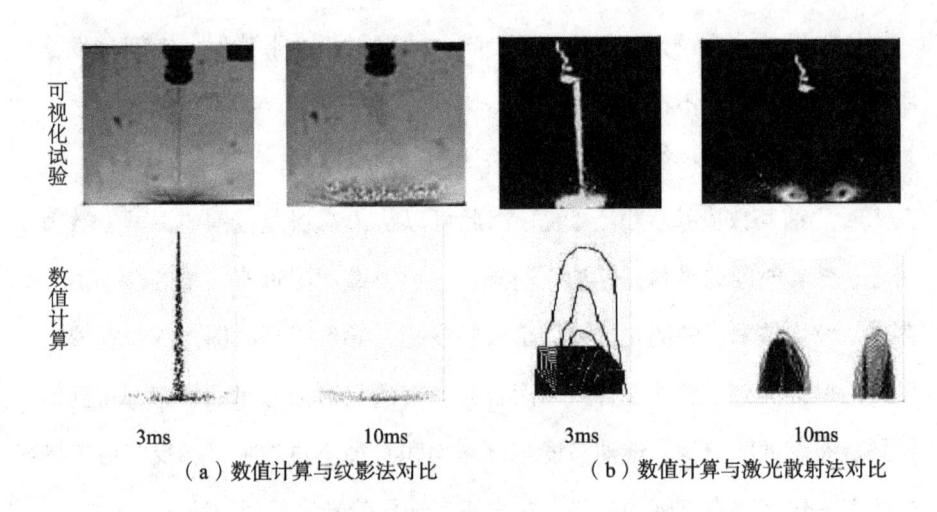

数值计算

　　3ms　　　　　10ms　　　　　　3ms　　　　　10ms
　　（a）数值计算与纹影法对比　　（b）数值计算与激光散射法对比

图 3-12　数值计算结果与可视化试验对比

3.6　进气流速影响喷雾偏转的验证

　　针对进气道的喷射方式，燃油喷射有开阀喷射模式和闭阀喷射模式两种。开阀喷射模式是在进气阀打开的情况下进行燃油喷射，此时进气道内的气体处于高速运动状态，会对喷雾过程产生重要影响。为此通过可视化试验及数值计算结果的对比，来验证所采用的模型是否能够正确描述这一现象。

3.6.1　试验装置

　　为采用可视化试验的方法对进气道内燃油喷射过程进行研究，需对发动机的气缸盖进行改造，在尽量不破坏进气道内流场的情况下，可视化试验采用散射法，光源直接通过进气道引入，这样只需在进气道的一侧开孔，而避免其他可视化方法需要两侧开孔的问题，从而最大限度地保证进气道流场的真实性。散射法试验装置示意图如图 3-13 所示。

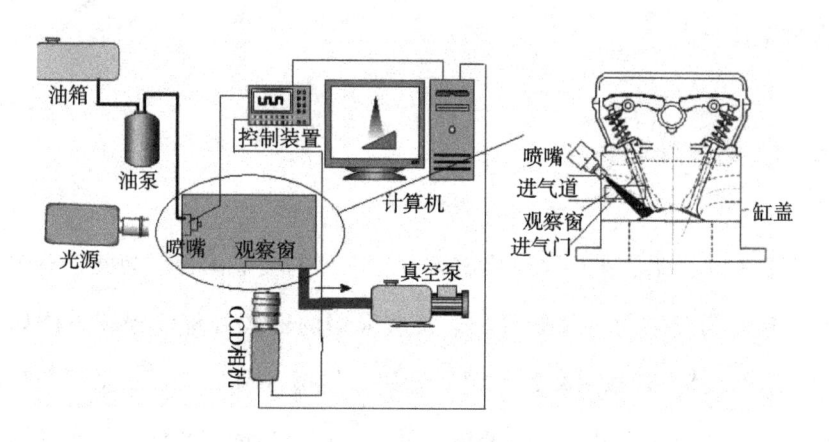

图 3-13 散射法试验装置示意图

散射法试验装置分为 5 个部分，即供油系统、电控喷油系统、激光系统、高速摄影系统和稳流气道试验台，其设备具体参数见表 3-3。在试验过程中由于需要通过进气道引入光源，需去掉节气门体；进气流速的调节通过稳流气道试验台调节流量完成。考虑到采用多孔喷嘴时不同油束之间会产生相互影响，无法分析进气流动对喷雾过程的影响，试验时一般采用单孔喷嘴。

表 3-3 试验仪器参数与试验条件

项目	参数	项目	参数
光源	150 氙灯	稳流气道试验台	
相机	快门：1/50000s，分辨率：656×490	喷射压力	0.3MPa
镜头	焦距：$f=8.5\sim51$mm，光圈：F1.2	环境压力	0.1MPa
喷嘴	单孔，孔径 $d=0.2$mm	环境温度	20℃

试验时,通过进气道将光源引入,在光路的垂直方向上布置 CCD 相机,根据要观察的时刻,并考虑 CCD 相机的延迟时间来确定相机的开启时刻,得到的图像通过 IEEE1394 接口送入计算机进行处理,观察汽油的喷射及碰壁过程。

3.6.2 图像处理

图 3-14 所示为采用可视化试验方法得到的喷雾图像,为便于对图像进行分析,需要进行图像处理。本文所采用的图像处理流程和方法如图 3-15 所示,其中背景图像 I_{bg} 在喷雾开始前拍摄,图中 I_i 表示拍摄的喷雾图像,通过 $I = I_i - I_{bg}$ 得到去背景的图像,并通过自适应算法对得到的图像进行调整。图 3-16 是使用此方法对喷雾图像进行处理的一个算例,由于采用进气道引入光源的方法,存在光线的遮挡,使得处理后的图像有一定的变形,但整体图像还比较完整,可以用于后文的分析。

图 3-14 可视化试验得到的喷雾图像

第3章 计算模型的建立与验证

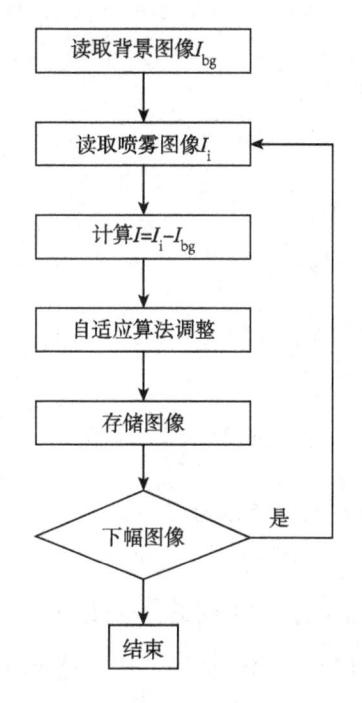

图 3-15 图像处理流程　　图 3-16 处理后的喷雾图像

3.6.3 测试结果分析

受到所用试验台的限制，进气流速有一定的限值，选取对应所研究发动机在节气门全开、转速为 4000r/min 时的几个点进行研究，图 3-17 所示为根据理论计算得到的进气道内气体流速变化曲线，以此为参考，在试验中分别设定流速为 45m/s、40m/s、35m/s、30m/s、25m/s、20m/s、10m/s 和 0m/s。

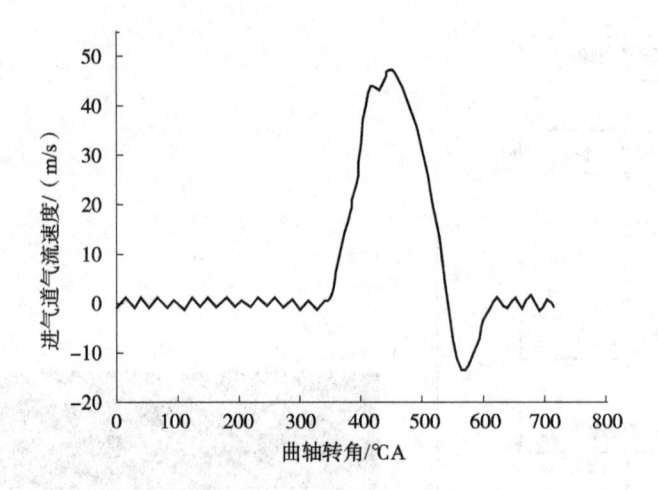

图3-17 4000r/min、节气门全开时的进气流速

为考察燃油落点位置受进气流速的影响情况，对不同进气流速条件下的燃油喷雾过程进行观测。为使整个燃油过程在观察窗范围内比较完整且不出现碰壁后的反射情况，通过试验比较，在不同流速条件下分别设定拍照时刻。

1. 进气流速对喷雾空间挥发的影响

图3-18所示为不同进气流速时的喷雾图像。由图可知，当进气流速低于30m/s时，喷雾油束几乎是以柱状形式到达壁面，在空气中基本没有雾化；当进气流速大于35m/s时，在油束到达壁面之前会被进气气流吹散，变成细小的油粒。

由此说明，进气道喷射式发动机在工作时，对燃油雾化要求不高，燃油到达气道壁面或气阀背面之前几乎没有雾化，混合气的制备主要靠碰壁后飞溅雾化后的蒸发和附壁油膜的缓慢蒸发。如果喷雾在进气冲程进行，进气气流的作用则有助于燃油的空间挥发，从而减少以液态形式到达壁面的燃油，有助于减少油膜附壁现象。

0m/s	10m/s	20m/s	25m/s
30m/s	35m/s	40m/s	45m/s

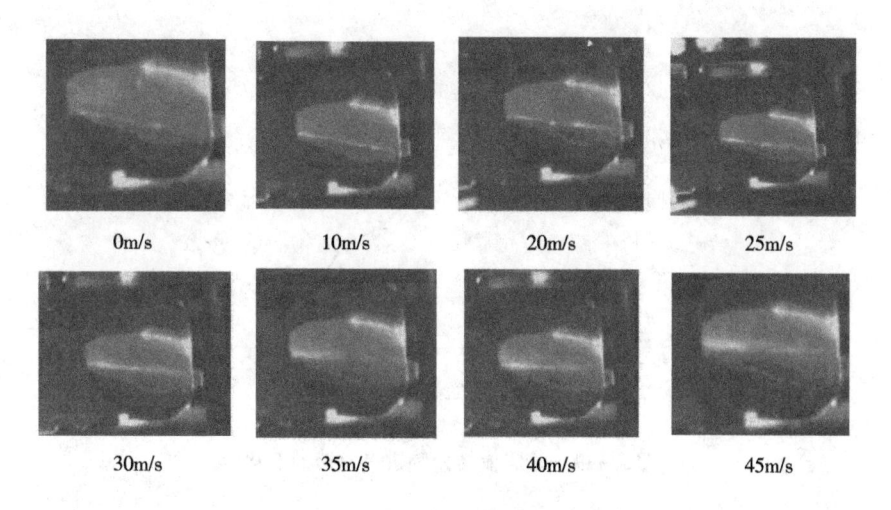

图 3-18　不同进气流速时的喷雾图像

2. 进气流速对喷雾偏转角的影响

图 3-19 所示为喷雾偏转角随进气流速的变化图。由图还可以看到，进气道内的空气流动对喷雾产生的另一个影响就是喷雾会出现偏转，从而使燃油的落点位置发生变化。本文利用油束与水平方向的夹角来反映燃油落点的变化情况，将该夹角称为喷雾偏转角。

为考察喷雾偏转角与进气流速之间的关系，分别在不同流速条件下拍摄多组照片，通过多组图片分别计算偏转角再求平均值，得到不同流速下的喷雾偏转角。当流速 $v=45\text{m/s}$ 时，空间挥发现象比较严重，已经无法测量，故分析结果中不包括此流速下的结果。由图 3-19 可见，当不存在进气流动时，喷雾偏转角为 11.5°，随着进气流速的增加，喷雾偏转角不断减小，当进气流速为 40m/s 时，喷雾偏转角变为 3.7°。即随着流速的增加，喷雾趋向于水平。这主要是由于进气流动使得燃油粒子在进气流动方向上产生分速度，使燃油沿着进气气流方向偏转，导致燃油油束趋于水平。

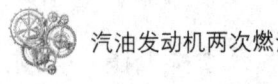

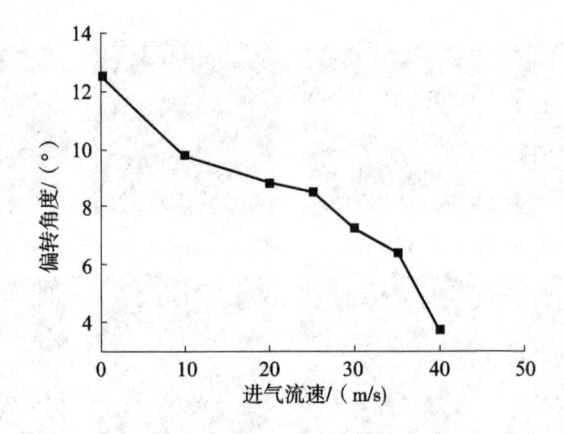

图 3 – 19　喷雾偏转角随进气流速的变化

3. 进气流速对喷雾贯穿距离的影响

当进气道内有空气流动时，另一个受影响的参数就是喷雾贯穿距离。由于观察窗的范围有限，不能观察到燃油从喷嘴喷出到碰壁的整个过程，本试验只在观察窗可见范围内记录了油束前锋位置随时间的变化。

图 3 – 20 所示为不同气流速度时喷雾贯穿距离随时间的变化曲线。由图可知，喷雾贯穿距离随气流速度的增加而增加，即进气流动的存在使得燃油粒子的速度增加，进而提高喷雾的贯穿性能。

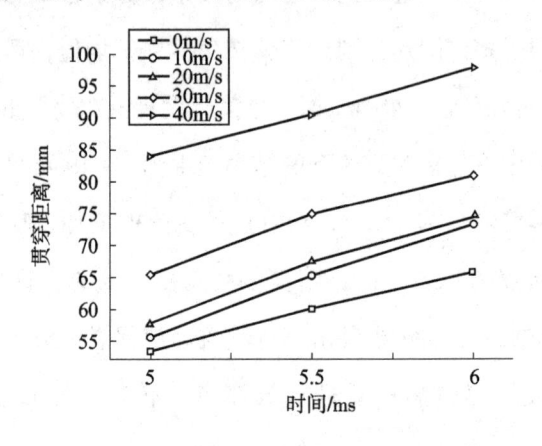

图 3 – 20　不同流速时喷雾贯穿距离变化曲线

3.6.4 数值计算与试验结果对比分析

为进一步了解进气流动对燃油喷射过程中的空间挥发及附壁油膜分布的影响,采用数值计算的方法对不同流速下的喷雾过程进行研究。

首先建立模拟气道试验台有关部分的实体模型,将三维几何模型输入 CFD 软件 FIRE,应用 FAME 技术生成体网格,并对气阀处的网格加密,网格总数为 290458,最终的网格模型如图 3-21 所示。

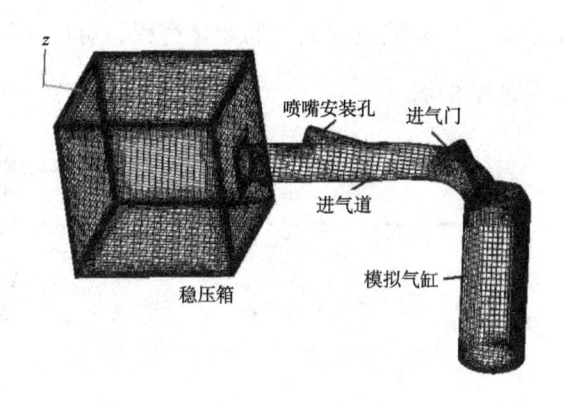

图 3-21 计算网格模型

为保证模拟计算与实际气道试验的可比性,计算时首先通过控制计算残差使气体流动形成稳态流动,然后再进行燃油喷射,燃油喷射时刻设为 2ms,因此数值计算与可视化试验相比有 2ms 的滞后,需要在数据处理时予以处理。

由可视化试验可知,随着进气流速的改变,喷雾偏转角度基本呈线性改变,同时由于燃油粒子的空间挥发,在 $v=45\text{m/s}$ 时贯穿距离已经无法测量。为便于与可视化试验结果比较,计算时进气流速分别选择 $v=40\text{m/s}$、$v=0\text{m/s}$ 和 $v=30\text{m/s}$ 进行研究。

图 3-22、图 3-23 分别是燃油喷射后 7ms 时不同进气流速下喷雾图像及 7.0~8.0ms 时间范围内喷雾贯穿距离的比较。与可视化试验观察到的结果相同，进气流动使得喷雾与水平方向的角度减小，贯穿性能增强，同时在较高流速时会出现粒径较小的油粒；不同的是计算得到的偏转角度小于试验值，而观察距离大于试验值。分析认为，实际喷射时喷出的燃油粒子直径是不均匀的，有一定量的小直径燃油粒子，但计算时喷嘴喷出的燃油粒子直径是一致的，大直径燃油粒子运动规律受气流的影响程度明显弱于小直径燃油粒子，从而导致计算结果与可视化观察结果的差异。但是计算结果基本能够反映喷雾随进气流动的变化过程，可以用于进气流速对汽油喷雾碰壁过程影响的研究。

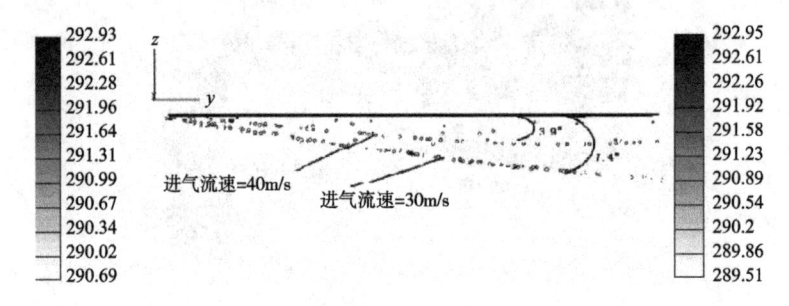

图 3-22　7ms 时不同进气流速下的喷雾图像

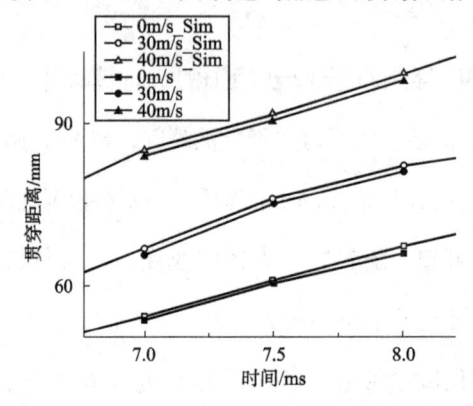

图 3-23　不同进气流速下贯穿距离的比较

3.7 本章小结

本章主要为后续利用数值计算的方法分析如何减少进气道附壁油膜的工作奠定基础，主要工作如下：

1）根据网格划分的一般要求，进行计算网格的划分，完成进气道喷射式汽油机计算模型的建立，并对气门关闭过程的处理进行了简单介绍。

2）根据所计算的喷雾及碰壁过程的需要，分别对喷雾及碰壁模型进行模型的选择，通过对模型基本机理的分析，确定了本文所使用的喷雾及壁面油膜子模型。

3）通过纹影法和激光散射法与数值计算结果的对比表明，模型预测的喷雾及碰壁过程与试验结果都比较吻合，对所研究问题有较好的适应性。

4）通过气道试验台与数值计算结果的对比可知，计算结果基本能够反映喷雾随进气流动的变化过程，可用于研究进气流速对汽油喷雾碰壁过程的影响。

第4章 闭阀喷射时燃油挥发速率与其影响因素关系的研究

由第 2 章的分析可知,所研究发动机存在附壁油膜循环剥落现象,而改善附壁油膜循环剥落的方法主要考虑如何加速燃油挥发。闭阀喷射时燃油在进气阀完全关闭状态下进行喷射,此时燃油落点、喷油时刻、喷射距离及进气回流等因素都会对燃油挥发速率产生一定的影响,通过分析这些因素对燃油挥发速率的影响规律,可有助于减少进气道附壁油膜循环剥落量,从而减少以液态形式进入气缸的附壁油膜量,改善发动机动力性能及排放性能。

由第 2 章的分析可知,机体温度对于附壁油膜挥发有着重要的影响,当机体温度升高后,附壁油膜挥发性能得到提升,附壁油膜挥发速率与其影响因素之间的规律是否不同,需要进一步研究。因此,以下研究分机体温度较低和较高两种情况进行讨论,在不同机体温度下,对燃油落点、喷油时刻、喷射距离及进气回流等因素对汽油机燃油挥发速率的影响规律进行研究。

4.1 计算工况点的选择

当发动机节气门开度、喷油量及转速一定时,影响进气道喷射式汽油机附壁油膜挥发的主要因素为附壁油膜处的温度、附壁油膜挥发时间及进气流速大小。当发动机处于怠速暖机工况时，发动机机体温度较低，进气流速较小，使得附壁油膜挥发相对困难，研究此工况下的附壁油膜挥发更具有针对性。

4.2 计算网格

采用第 3 章所建立的计算模型，其中，在进气阀开启之前的状态利用图 3-4（a）所示的进气道网格来模拟，当进气阀开启后利用 3-4（b）所示的进气道 + 燃烧室网格来模拟，当进气阀关闭后利用图 3-4（c）所示的燃烧室网格来模拟。

4.3 较低机体温度时的计算分析

发动机转速设定为 1000r/min，喷油压力为 0.3MPa。0°CA 设定为膨胀上止点，进气阀在膨胀上止点后 330°CA 开启。起动过程进气道壁面温度和进气阀背部温度参考实测值设定，分别设定为 30℃ 和 60℃，具体初始条件和边界条件的设置见表 4-1，喷油时刻设置为 40°CA，喷油量为 2.63mg。需要说明的是，实际喷嘴存在开启延迟和关闭延迟，而在数值计算过程中不考虑喷嘴的延迟，故设置的脉宽要比实际脉宽略小。

表4-1 初始及边界条件

项目		指标
边界条件	进气道壁面	30℃
	进气阀	60℃
	燃烧室壁面	80℃
初始条件	进气道入口	质量流量
	进气道	温度10℃、压力100kPa
	燃烧室	温度800℃、压力100kPa

4.3.1 燃油落点对燃油挥发速率的影响

为充分利用进气阀背面高温加速燃油蒸发，一般进气道喷射式发动机燃油落点位置为进气阀背面。但是受结构的限制，燃油落点位置可能达不到最佳位置。通过调整喷射角度，设置图4-1所示的三种不同燃油落点位

(a) 进气阀背面

(b) 进气道底部

(c) 进气阀背面上部与进气道交界处

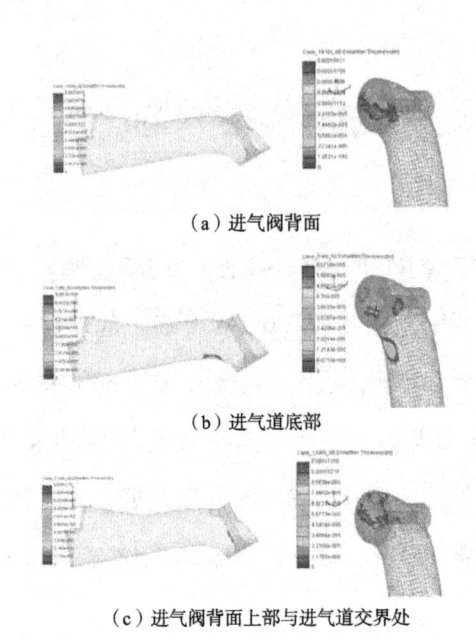

图4-1 不同方案燃油落点分布比较

置：进气阀背面、进气道底部、进气阀背面上部与进气道交界处。

在喷油量为 2.63mg、燃油喷射时刻为 40°CA 的情况下，分析燃油不同落点位置对附壁油膜挥发过程的影响。

1. 空间挥发量的比较

图 4-2 所示为不同燃油落点时空间挥发量随曲轴转角的变化曲线。由图可以看出，燃油空间挥发主要集中在两个不同的阶段：一是燃油喷出到达壁面之前；二是进气阀开启后的较短时间内。燃油落点分布在进气阀背面上部与进气道交界处燃油空间挥发量最大，达到 0.09mg。

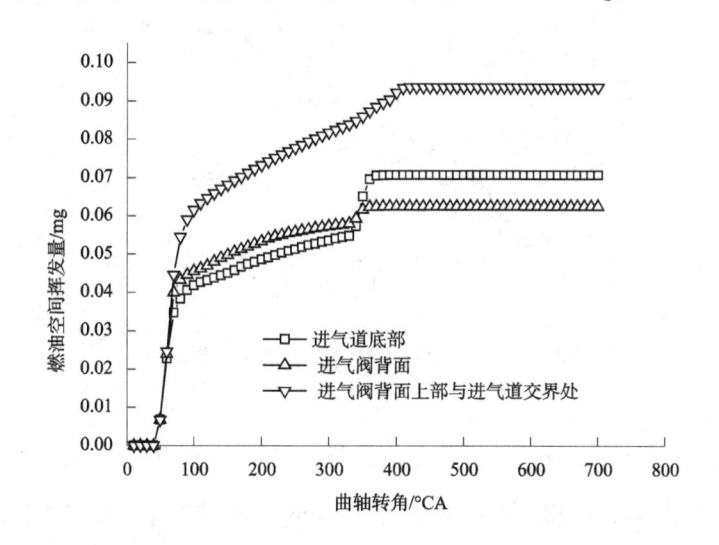

图 4-2 不同燃油落点空间挥发量比较

由于燃油的空间挥发是燃油粒子与空气相互作用的结果，在进气阀开启之前，进气道内部气体基本处于静止状态，因此喷射角度对此时的空间挥发量没有影响；当进气阀开启后，在进气气流的作用下撞壁反射的粒子能够再次雾化，从而出现空间挥发量的再次增长。

但是，即使是空间挥发量最大的燃油落点分布在进气阀背面上部与进气道交界处,空间挥发量也只有 0.09mg,不到所喷射燃油的 4%,所占的比例非常小,因此闭阀喷射时空间挥发过程可以忽略[42]。

2. 附壁油膜挥发量

图 4-3 所示为不同燃油落点时附壁油膜挥发量随曲轴转角的变化曲线。由图可以看出,附壁油膜挥发也可以分为两个阶段:一是进气阀开启之前;二是进气阀开启之后。

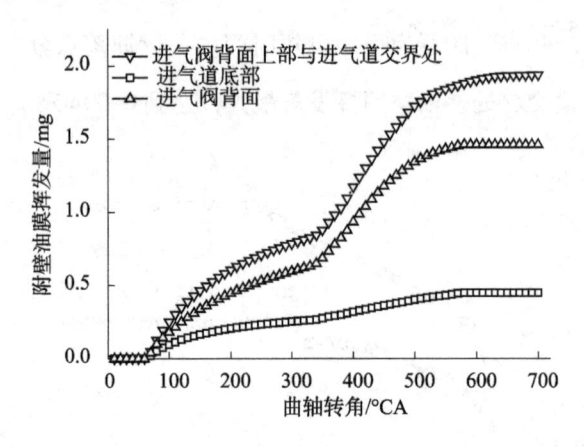

图 4-3 不同燃油落点附壁油膜挥发量比较

在进气阀开启,即 330°CA 之前,若燃油落点分布在进气阀背面上部与进气道交界处,附壁油膜挥发量达 0.84mg,分布在进气阀背部时挥发量为 0.64mg,而分布在进气道底部时,挥发量仅为 0.26mg。即燃油喷在进气阀背面上部与进气道交界处时,附壁油膜挥发量大,燃油挥发速率较快。

由图 4-4~图 4-6 可看出,向进气道底部喷射时,燃油到达壁面形成的附壁油膜质量较大,附壁油膜分布面积较小,并且进气道壁面温度较低,使得燃油挥发量小,随着喷射过程的进行,附壁油膜厚度明显增加。附壁油膜厚度的增加降低了表面油膜与进气道壁面之间的热传递,使附壁

第4章 闭阀喷射时燃油挥发速率与其影响因素关系的研究

油膜的挥发越发困难。而进气阀背面的温度较进气道高30℃，较高的温度有利于附壁油膜的挥发，特别是采用图4-1（c）所示的方案时，附壁油膜分布区域温度较高，且附壁油膜分布面积也较大，使得燃油挥发效果最好。因此，将燃油喷射到进气阀背面上部与进气道交界处时有助于提高燃油挥发速率，增加以气态形式进入气缸的燃油量。

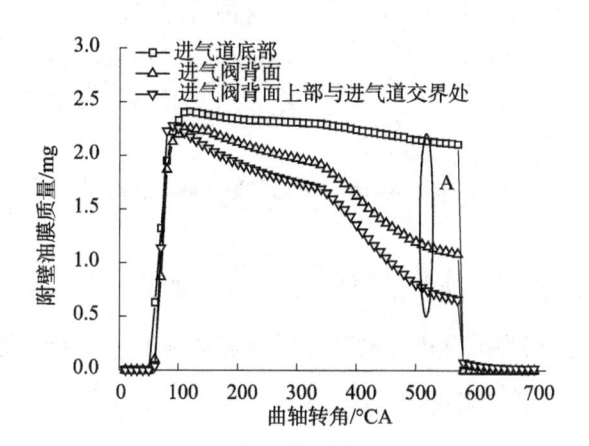

图4-4 不同燃油落点附壁油膜质量比较

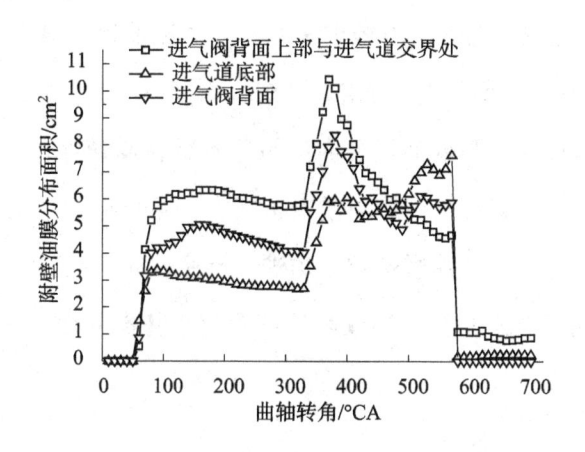

图4-5 不同燃油落点附壁油膜分布面积比较

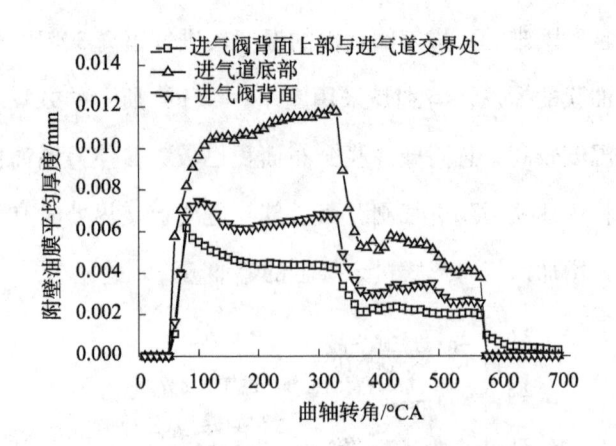

图4-6 不同燃油落点附壁油膜厚度比较

当进气阀开启后,即曲轴转角在330°CA之后,落点分布在进气阀背面上部与进气道交界处及进气阀背面时的燃油挥发速率明显增加,从原来的0.002mg/°CA升高到0.01mg/°CA。

当进气阀开启之后,由于活塞下行产生的压差使得进气道内部的气体开始向缸内运动,附壁油膜挥发的途径除吸热挥发以外,进气气流与附壁油膜的相互作用也成为一个有效的途径,因此燃油挥发速率会迅速增加。图4-7所示为不同落点位置时附壁油膜分布及速度场。由图可知落点分布在进气阀背面时,附壁油膜分布区域基本处在高速气流区,有利于附壁油膜的挥发,使得附壁油膜质量迅速减小,如图4-4所示;但是落点为进气道底部时,附壁油膜落点处的进气流速较低,且进气道温度较低,仅依靠从壁面吸热而挥发,导致燃油挥发速率基本不变,附壁油膜挥发量较小。

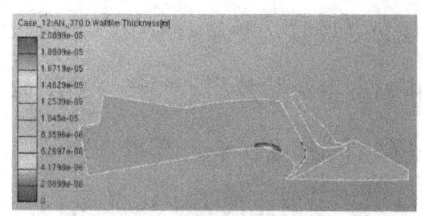

第4章 闭阀喷射时燃油挥发速率与其影响因素关系的研究

(a) 落点为进气阀背面时附壁油膜分布

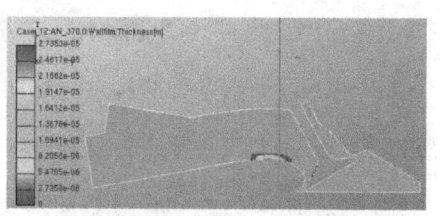

(b) 落点为进气道底部时附壁油膜分布

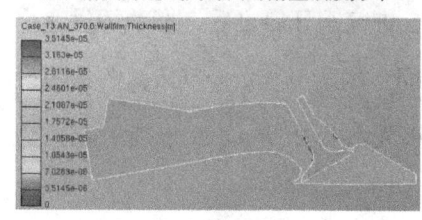

(c) 落点为进气阀背面上部与进气道
交界处附壁油膜分布

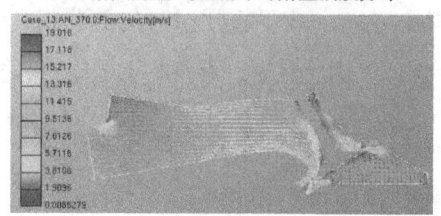

(d) 速度场

图4-7 曲轴转角为370°CA不同落点位置时附壁油膜分布及速度场

通过图4-4~图4-6还可以看到，当进气阀关闭时，燃油落点为进气阀背面及进气道底部，附壁油膜质量、附壁油膜厚度及分布面积数值几乎都变为零，但是燃油落点为进气阀背面上部与进气道交界处时，附壁油膜的几个数值都不是零。由前文可知，当进气阀关闭后利用3.4(c)所示燃烧室网格，此时所表示的仅仅为燃烧室内部的附壁油膜情况。这表明采用闭阀喷射模式时，燃油落点为进气阀背面及进气道底部时附壁油膜全部集中在进气道，燃烧室内部不存在附壁油膜，而燃油落点为进气阀背面上部与进气道交界处时，有部分附壁油膜在进气气流的作用下进入气缸。

4.3.2 喷射距离对燃油挥发速率的影响

燃油喷射距离长，分布面积增大，附壁油膜的厚度减小，有助于附壁油膜的挥发[47]。图4-8所示为喷油量为2.63mg、燃油喷射时刻为40°

CA、燃油落点为进气阀背面上部与进气道交界处时,燃油喷射距离分别为 100mm 和 60mm 附壁油膜挥发量随曲轴转角的变化趋势图。同样,附壁油膜挥发也分为进气阀开启之前和进气阀开启之后两个阶段。在进气阀开启之前,喷射距离为 60mm 时燃油挥发速率大于喷射距离为 100mm 时的速率,这与一般平板喷射时的情况相反[47];进气阀开启之后,燃油挥发速率变快,不同喷射距离时挥发速率基本相同,约为 0.10mg/°CA,但是喷射距离为 60mm 时在点火时附壁油膜总体挥发量为 2.06mg 大于喷射距离为 100mm 时的 1.71mg。

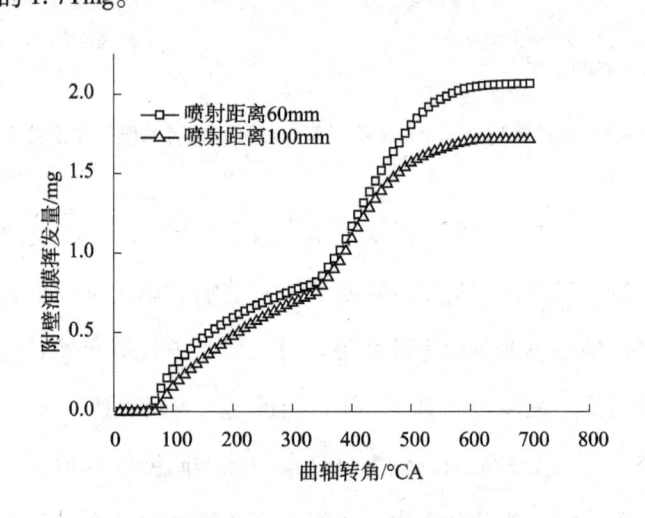

图 4-8 不同喷射距离时附壁油膜挥发量的比较

由前面的分析可知,进气阀开启之前附壁油膜的挥发主要靠从壁面吸热,虽然喷射距离为 100mm 时附壁油膜分布面积大约为喷射距离为 60mm 时的 2 倍(图 4-9),并且附壁油膜厚度值也较大(图 4-10),但是从图 4-11 所示的 50°CA 时不同喷射距离所对应的燃油落点位置来看,喷射距离为 60mm 时,燃油落在进气阀背部;喷射距离 100mm 时,部分燃油喷到进气道壁上,虽然附壁油膜的分布面积大,但进气道壁面的低温导致附壁

第4章 闭阀喷射时燃油挥发速率与其影响因素关系的研究

油膜挥发困难，从而使得喷射距离较远时燃油挥发速率低。

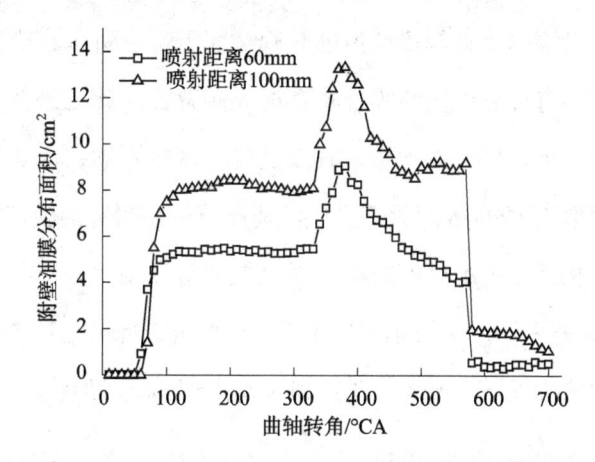

图4-9 不同喷射距离时附壁油膜分布面积的比较

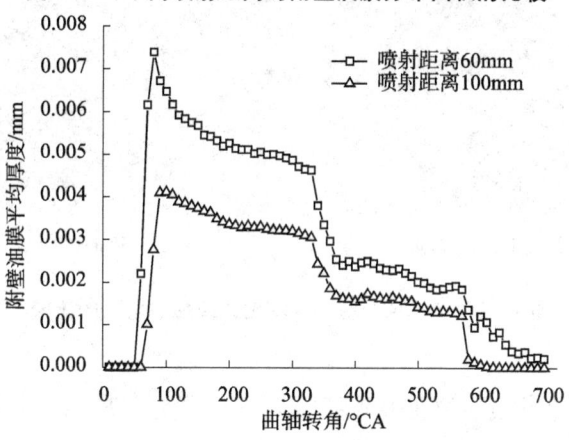

图4-10 不同喷射距离时附壁油膜平均厚度的比较

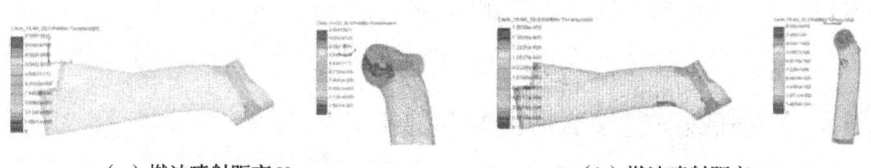

（a）燃油喷射距离60mm　　　　　　（b）燃油喷射距离100mm

图4-11 50°CA时不同喷射距离燃油落点的比较

85

当进气阀开启之后，此时影响附壁油膜挥发的因素又增加了进气气流，由于喷嘴设置的落点位置都为进气阀背面上部与进气道交界处，不论喷射距离远近，有部分附壁油膜分布在进气阀背面，此处进气气流速度较大，燃油挥发速率较快，因此开始时挥发速率基本相同；但是随着时间的推移，喷射距离为100mm时处于进气流速高速区的附壁油膜基本挥发。由图4-12所示的500°CA时不同喷射距离燃油落点的比较图可知，喷射距离为100mm时还有一定量的燃油处于进气道壁上，此处远离进气阀，进气流速较低，因此挥发速率开始低于喷射距离为60mm时的值。

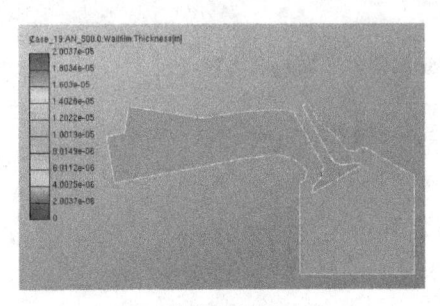

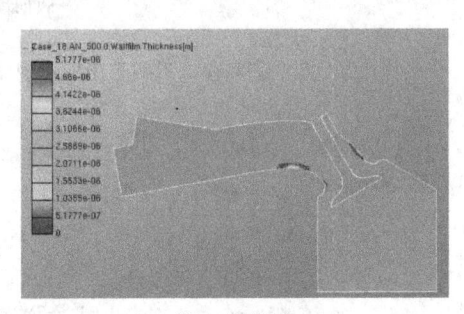

（a）燃油喷射距离60mm　　　　　（b）燃油喷射距离100mm

图4-12　500°CA时不同喷射距离燃油落点的比较

因此，在设计喷嘴位置时需要综合考虑喷射距离与喷射角度的影响，尽量避免附壁油膜在温度较低的区域，而使燃油落在温度较高的进气阀背面区域；同时为充分利用进气气流，附壁油膜分布应该尽量处于进气气流的高速区，即进气阀与气门座之间的区域。

4.3.3　进气回流对燃油挥发速率的影响

对进气道喷射式发动机，影响附壁油膜挥发的一个重要因素是进气回

第4章 闭阀喷射时燃油挥发速率与其影响因素关系的研究

流。由于回流气体温度较高,能够对附壁油膜的挥发起到积极作用,为此本节主要研究进气回流对附壁油膜挥发的影响。

为考察有无进气回流时对附壁油膜挥发过程的影响,通过调整进、排气门配气定时来模拟有无进气回流现象。图4-13所示为有无进气回流时进气流量的对比图,通过两种不同进气流量,来考察进气回流对燃油喷射过程及附壁油膜挥发过程的影响。

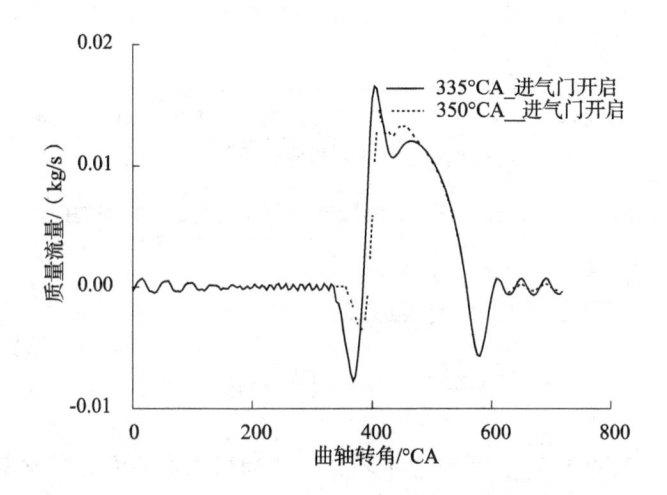

图4-13 有无进气回流时进气流量的对比图

图4-14所示为燃油落点为进气阀背面,有无进气回流时附壁油膜挥发量随曲轴转角的变化图。与前面的分析相同,附壁油膜的挥发过程存在进气阀开启之前和进气阀开启之后两个不同的挥发阶段。进气阀开启之前,挥发速率较慢;进气阀开启后,挥发速率较快。

当有进气回流时燃油挥发速率大约从曲轴转角为340°CA时开始增加,最终的挥发量大约为1.44mg;当不存在进气回流时燃油挥发速率大约从曲轴转角为370°CA开始增加,最终的挥发量大约为1.37mg,即进气回流的存在能够加速燃油的挥发。

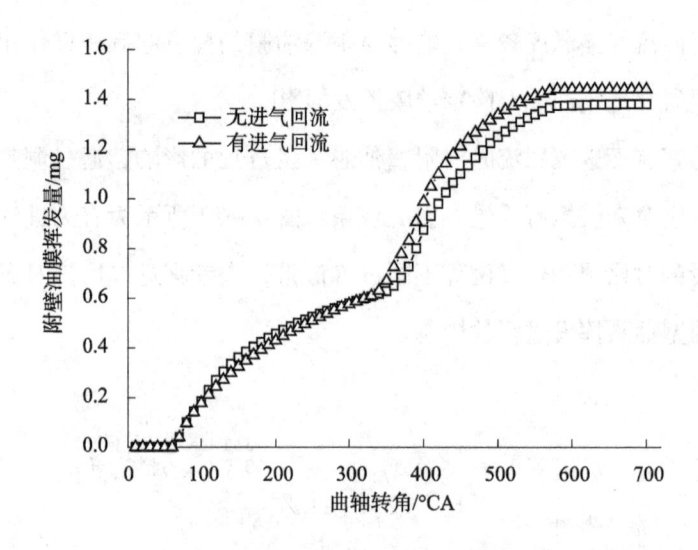

图 4-14 有无进气回流时附壁油膜挥发量随曲轴转角的变化

根据单位面积的挥发率的表达式：

$$\dot{m} = \left[\frac{\rho_v(D_{12} + D_t)}{1 - c_I}\right]\frac{\partial c}{\partial y}(\mathrm{kg/s \cdot m^2})$$

在燃油挥发初期，挥发的燃油较少，燃油蒸气饱和度的影响基本不变，交界面处扩散系数 D_{12} 主要受附壁油膜表面温度及附壁油膜表面空气流速的影响。当存在进气回流时，如图 4-15 所示，高温气体进入进气道后能够到达附壁油膜处，使得表面燃油通过热传导得到的热量增加，同时使得附壁油膜与空气有一定的相对速度，有利于附壁油膜的挥发。当不存在进气回流时，由于周围的空气基本是静止的，且周围没有高温燃气，导致燃油挥发速率没有明显改善。当进气阀开启后，随着气流速度的增加，燃油挥发速率增加。曲轴转角大约为 400°CA 时，进气道内部的流速明显增加，如图 4-16 所示，此时无论有无进气回流，燃油挥发速率都会明显增加，但存在进气回流时前期有一部分附壁油膜挥发，使得整体挥发量大于无进气回流时的值。

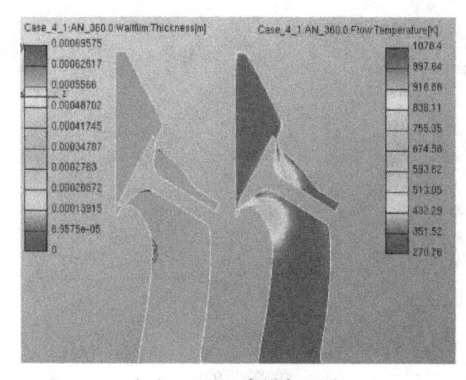

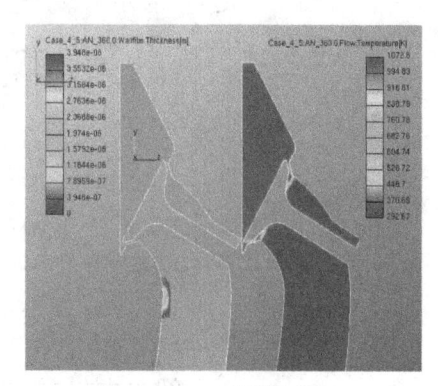

第4章 闭阀喷射时燃油挥发速率与其影响因素关系的研究

(a) 360°CA有进气回流　　　　(b) 360°CA无进气回流

图4-15　闭阀喷射时附壁油膜分布区域及进气道温度场

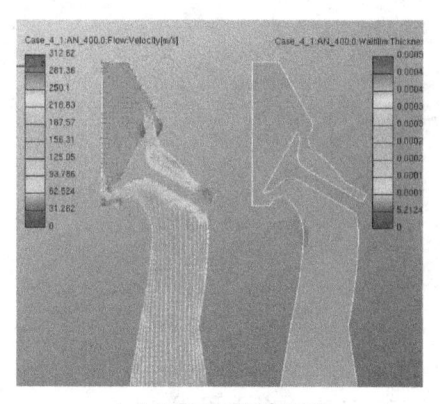

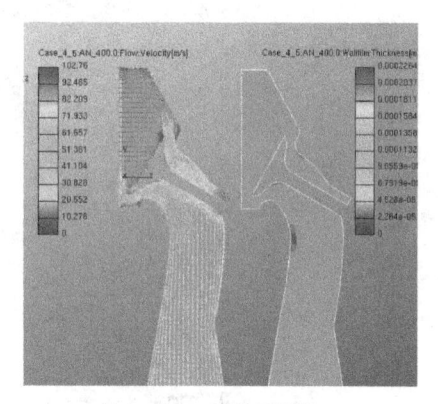

(a) 400°CA有进气回流　　　　(b) 400°CA无进气回流

图4-16　闭阀喷射时附壁油膜分布区域及速度场

通过图4-17和图4-18所示的附壁油膜分布面积及附壁油膜质量的比较可以看出,无进气回流时在进气阀关闭后还存在一定的附壁油膜,而有进气回流时则不存在附壁油膜。由于此时网格只是图3-4(c)所示的燃烧室模型,也就是进气回流造成原来驻留在进气阀上的附壁油膜挥发,或者是向气道内回流[26],而不会被进气气流带入气缸。

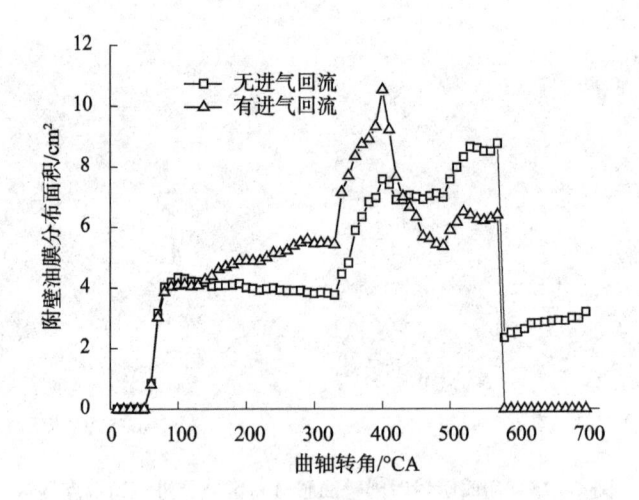

图4-17　有无进气回流时附壁油膜分布面积比较

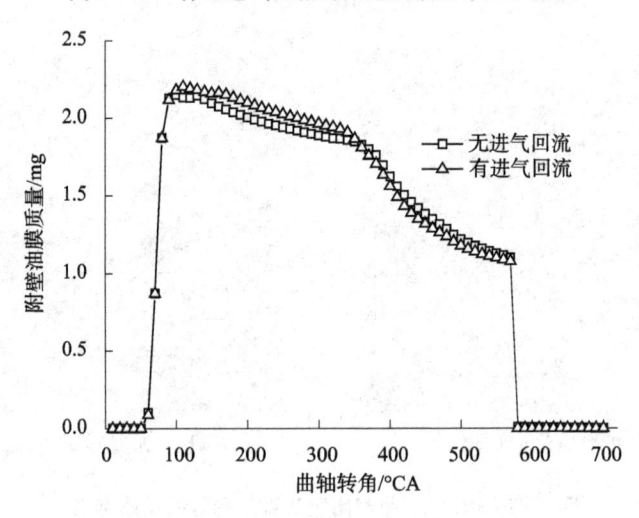

图4-18　有无进气回流时附壁油膜质量比较

4.3.4　喷油时刻对燃油挥发速率的影响

图4-19所示为燃油落点为进气阀背面时，不同喷油时刻对燃油挥

发速率影响的对比图。由图 4-19 可知，当喷油时刻为 20°CA 时，点火时附壁油膜挥发量最大，为 1.44mg；喷油时刻为 40°CA 时，挥发量次之，为 1.43mg；喷油时刻为 60°CA 时，挥发量最少，只有 1.35mg。通过比较可知，曲轴转角为 340°CA 时，喷油时刻为 20°CA、40°CA 及 60°CA 时，附壁油膜挥发量的值分别为 0.68mg、0.63mg、0.53mg，这表明最终附壁油膜挥发量的差距由在进气阀开启之前附壁油膜挥发量的差距引起。

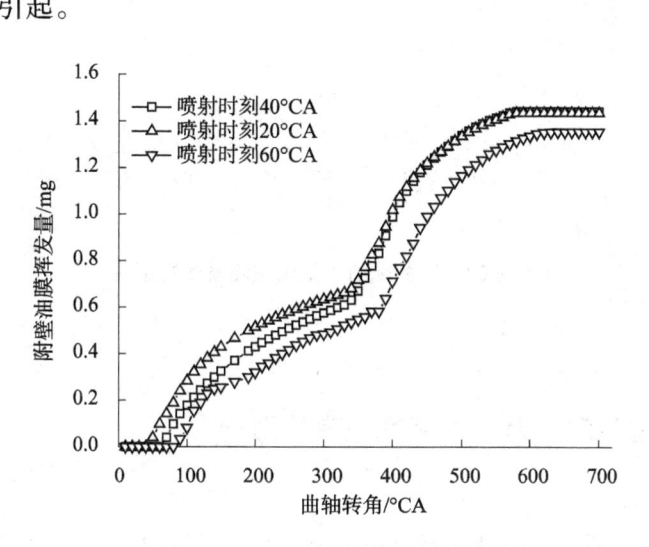

图 4-19　不同喷油时刻附壁油膜挥发量比较

由前文的分析可知，进气道喷射式汽油机附壁油膜的挥发主要依靠壁面传热和进气气流与附壁油膜的相互作用。当采用闭阀喷射时，燃油全部到达壁面；改变喷射时刻时，进气气流对燃油挥发的作用相同；当喷油时刻推迟时，燃油的挥发时间变短会影响附壁油膜的挥发，从而出现附壁油膜挥发量随喷射时刻推迟降低的现象。

通过图 4-20 所示的附壁油膜质量随曲轴转角的变化可知，当进气阀关闭时，在进气道内部仍然有一定量的附壁油膜，这些附壁油膜的存在会加大附壁油膜循环剥落量。

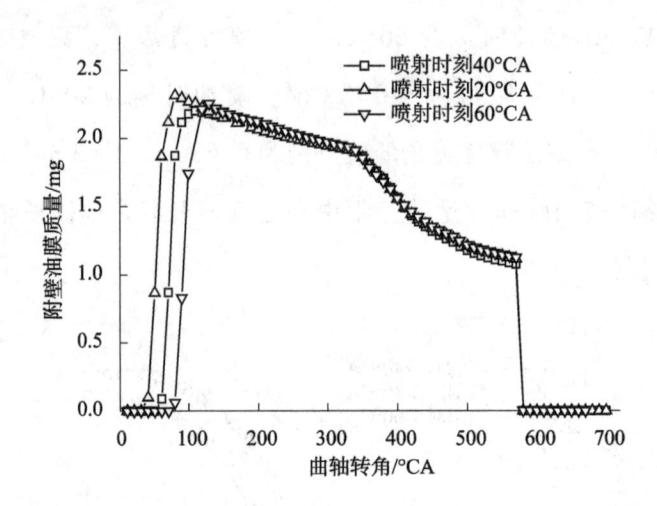

图 4-20 不同喷油时刻附壁油膜质量比较

4.3.5 进气温度对燃油挥发速率的影响

图 4-21 所示为燃油落点为进气阀背面，进气温度分别为 20℃ 和 0℃ 时附壁油膜挥发量随曲轴转角的变化图。由图可见，从附壁油膜开始挥发到点火，进气温度为 20℃ 时的附壁油膜挥发量始终大于进气温度为 0℃ 时的值。点火时，进气温度为 20℃ 时附壁油膜挥发量为 1.44mg，而进气温度为 0℃ 时附壁油膜挥发量为 1.38mg。

较高的进气温度对附壁油膜挥发有一定的改善作用，但是进气温度不会太高，因此其引起的附壁油膜挥发量的变化较为有限。

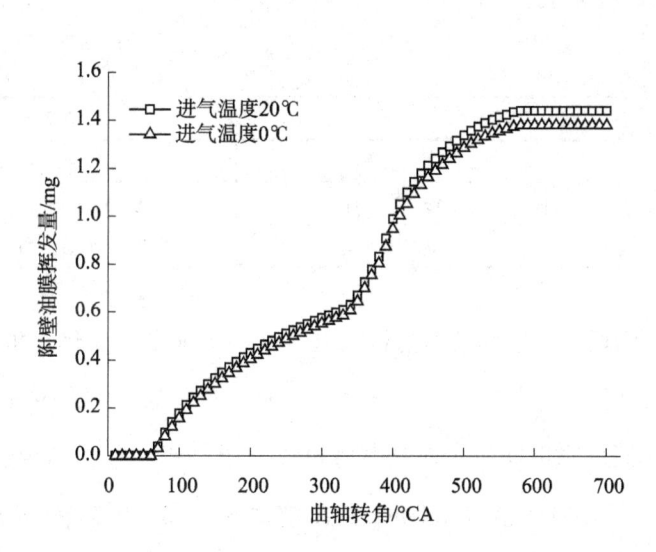

图 4-21 不同进气温度时附壁油膜挥发量比较

4.4 较高机体温度时的计算分析

为对较高机体温度下发动机参数对附壁油膜挥发性能影响的变化情况进行分析，发动机转速、喷油压力保持不变，以温度最低的进气道壁面为基准，考察进气道壁面温度升高到 80℃ 时各参数对附壁油膜挥发性能的影响。具体初始条件和边界条件的设置见表 4-2。

表 4-2 初始条件及边界条件设置

项目		指标
边界条件	进气道壁面	80℃
	进气阀	120℃
	燃烧室壁面	130℃

续表

项目		指标
初始条件	进气道入口	质量流量
	进气道气体	温度20℃、压力100kPa
	燃烧室气体	温度800℃、压力100kPa

图4-22所示为燃油落点为进气阀背面,机体温度变化时附壁油膜挥发过程的变化图。由图可见,当温度升高时,附壁油膜挥发过程与温度较低时明显不同,当进气道壁面温度为80℃,燃油到达壁面时会快速挥发,在50°CA时间段内就会有1.00mg的附壁油膜挥发,随后挥发速率变缓,当进气阀开启时,挥发速率再次变快。

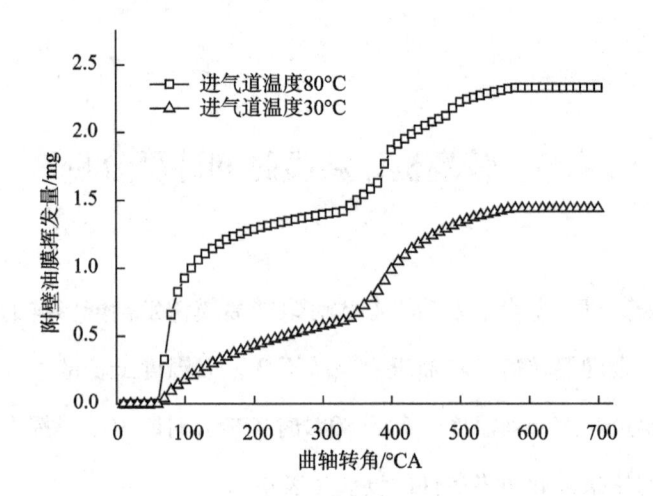

图4-22 不同机体温度附壁油膜挥发量比较

分析认为,当机体温度升高后,附壁油膜能够从壁面得到较多的能量,使附壁油膜快速挥发;但当壁面上形成附壁油膜后,所挥发的是处于表面的油膜,其所得到的能量必须经过附壁油膜从壁面得到,附壁油膜存在一定的厚度,阻碍了热量的传递,因此挥发速率会变缓;当进气阀开启后，如前所述增加了进气气流对附壁油膜的作用，因此挥发速率再次变快。

通过图4-23所示的附壁油膜质量的比较可以看出，当机体温度升高后，在进气阀关闭时，未挥发的附壁油膜只有0.16mg，远远低于进气道壁面温度为30℃时的1.07mg，这表明，如果机体温度升高会降低以液态形式进入缸内的附壁油膜量。

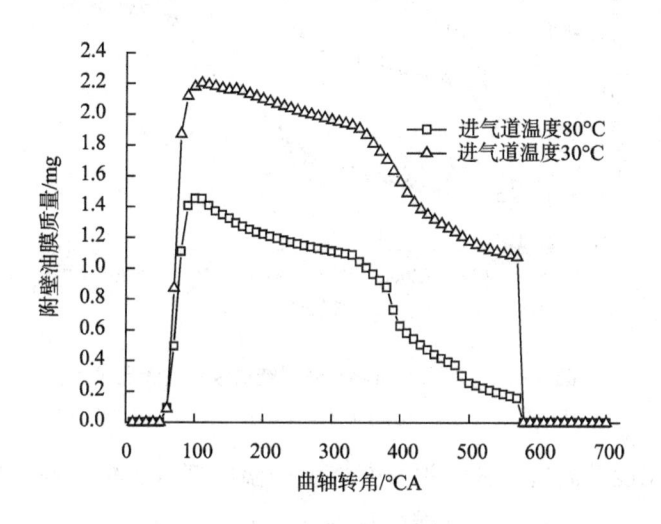

图4-23 不同机体温度附壁油膜质量的比较

4.4.1 燃油落点对燃油挥发速率的影响

图4-24所示为机体温度升高后，不同燃油落点对燃油挥发速率影响的比较图。由图可知，燃油落点为进气阀背面及进气阀背面上部与进气道交界处时，附壁油膜在燃油刚刚接触壁面就开始迅速挥发，在100°CA时附壁油膜挥发量就分别达到1.30mg和1.10mg；而燃油落点为进气道底部

时，附壁油膜挥发量依然很小，只有 0.28mg。而当进气阀开启后，燃油落点为进气阀背面上部与进气道交界处时，未看到燃油挥发速率增加的现象；燃油落点为进气阀背面及进气道底部时燃油挥发速率明显增加。

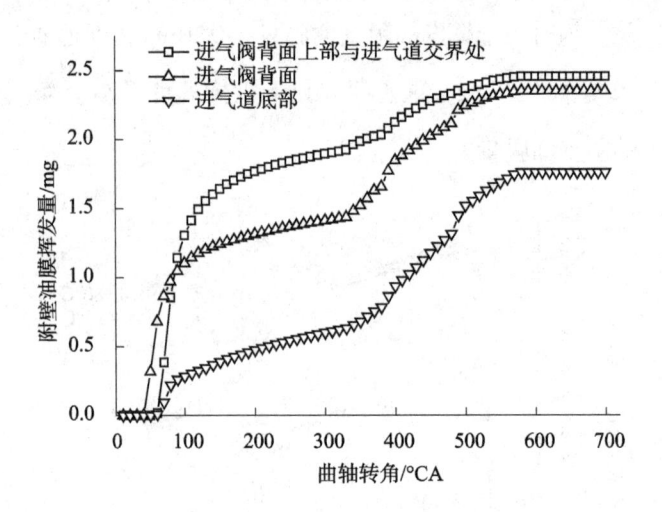

图 4-24　不同燃油落点时附壁油膜挥发量比较

机体温度升高后，进气阀及燃烧室的温度都有大幅升高，使得燃油一接触壁面就会快速挥发，特别是燃油落在进气阀背面上部与进气道交界处时，此时进气阀背面温度达到 130℃，且其分布面积较大（图 4-25），附壁油膜厚度较小（图 4-26），因此挥发迅速。进气阀开启后，附壁油膜已大量挥发，从而不会出现燃油挥发速率增加的现象；但是进气道温度只有 80℃，这对于附壁油膜的挥发还是不够。燃油落点为进气阀背面及进气道底部时，部分燃油位于进气道，挥发困难，进气气流对附壁油膜挥发有着重要的促进作用，因此会出现进气开始燃油挥发速率增加的现象。

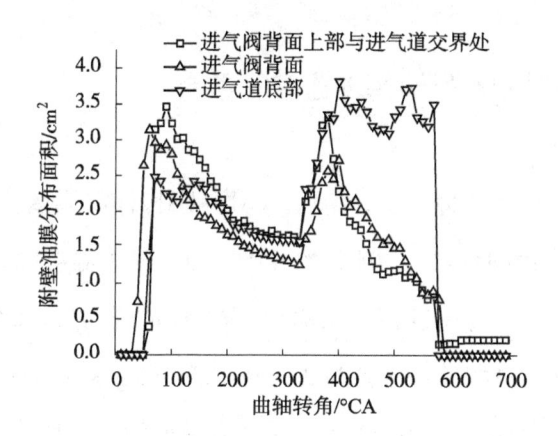

第 4 章　闭阀喷射时燃油挥发速率与其影响因素关系的研究

图 4-25　不同燃油落点时附壁油膜分布面积的比较

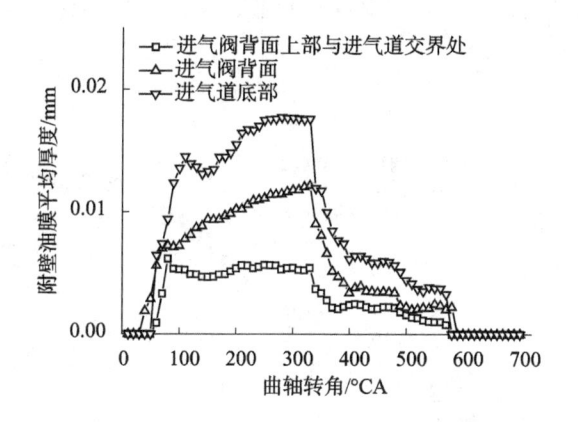

图 4-26　不同燃油落点时附壁油膜平均厚度的比较

通过点火时附壁油膜挥发量值的对比可以看出,在进气道温度为30℃时,燃油落点为进气阀背面和进气阀背面上部与进气道交界处的挥发量差值为0.45mg;而当进气道温度为80℃时,挥发量差值只有0.10mg。说明随着温度的升高由于落点不同引起的附壁油膜挥发量的差距在变小。

4.4.2 喷油时刻对燃油挥发速率的影响

图4-27所示为机体温度升高后,不同喷射时刻对附壁油膜挥发性能影响的比较图。由图可知,与前面的分析一致,机体温度的升高使得燃油一接触壁面就会快速挥发,在点火时,喷油时刻为20°CA、40°CA和60°CA时的附壁油膜挥发量分别为2.35mg、2.35mg和2.32mg。与进气道壁面温度为30℃时相比,附壁油膜总体挥发量增加,并且喷油时刻对附壁油膜挥发性能的影响减弱。这主要得益于机体温度升高后燃油挥发速率加快,由于挥发时间引起的差别变得不明显,从而出现喷油时刻影响附壁油膜挥发效果减弱的现象。

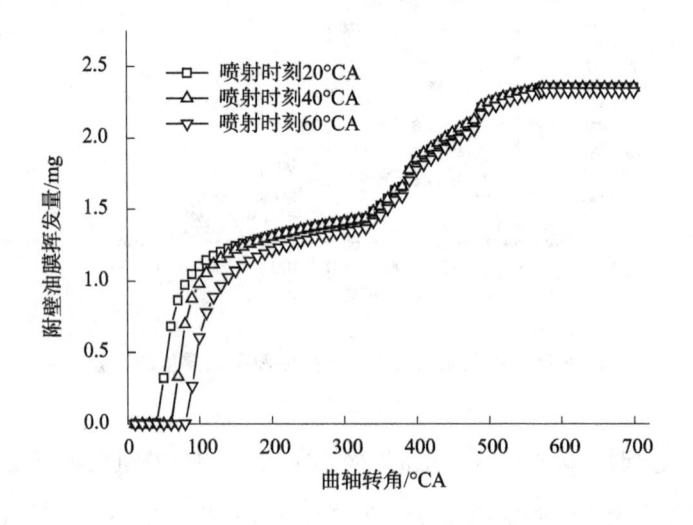

图4-27 不同机体温度附壁油膜挥发量比较

附壁油膜整体挥发量增加的直接后果是附壁油膜质量减少,如图4-28所示,当进气阀关闭后进气道附壁油膜质量的减少有助于减少附壁油膜循环剥落量。

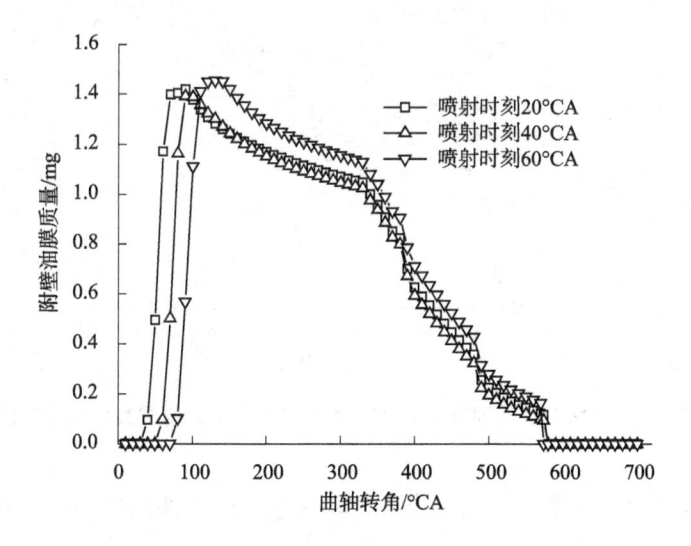

图 4-28 不同机体温度附壁油膜质量的比较

4.4.3 进气回流对燃油挥发速率的影响

图 4-29 所示为进气道壁面温度升高到 80℃后，燃油落点为进气阀背面，有无进气回流时附壁油膜挥发量的比较图。由图可见，当进气道温度升高到 80℃后，无论有无进气回流，燃油到达壁面时就会快速挥发；当存在进气回流时，从进气阀开启时刻 330°CA 到 350°CA，附壁油膜挥发量增加 0.08mg；不存在进气回流时，附壁油膜挥发量只增加 0.02mg，这表明，进气回流促进附壁油膜挥发的作用依然有效。当进气道温度为 30℃时，从进气阀开启时刻 330°CA 到 350°CA，附壁油膜挥发量增加 0.07mg，基本保持平衡，这表明进气回流对附壁油膜挥发的影响不随机体温度升高而变化。

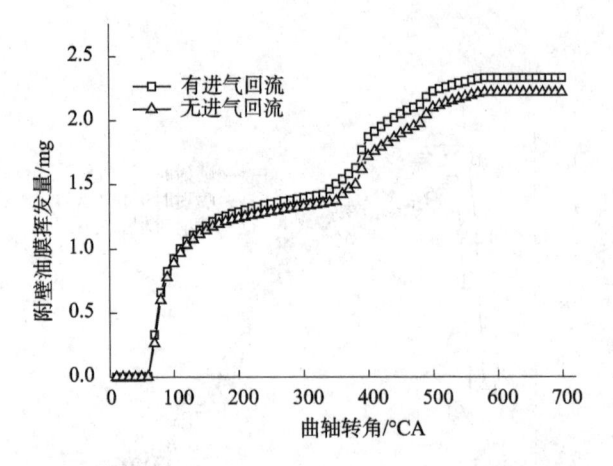

图 4-29 进气道壁面温度为 80℃，有无进气回流时附壁油膜挥发量比较

分析认为，虽然机体温度升高后附壁油膜挥发性能增强，但是进气回流气体的温度仍然要高于机体温度，高温燃气仍然可以到达附壁油膜处，从而加速附壁油膜的挥发。由于燃烧室内部残余废气的温度变化幅度较小，因此进气回流的效果也没有改变。

通过图 4-30 和图 4-31 所示的附壁油膜质量及分布面积的比较可知，不管有无进气回流，在进气阀关闭时燃烧室内部都不存在附壁油膜，同时

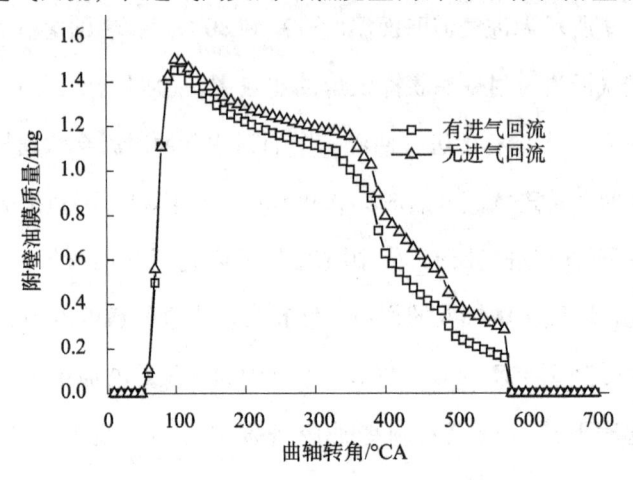

图 4-30 高温有无进气回流附壁油膜质量比较

在进气道内部的附壁油膜质量也大幅降低,即使无进气回流,此时进气道内部附壁油膜质量也只有 0.28mg,远远低于进气道温度低时的值。这同样是温度升高后附壁油膜挥发性能变好的结果。

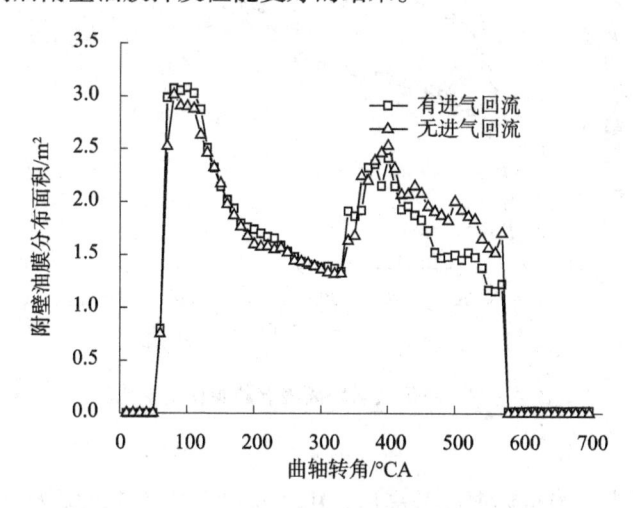

图 4-31 高温有无进气回流附壁油膜面积比较

4.4.4 喷射距离对燃油挥发速率的影响

图 4-32 所示为机体温度升高后,喷射距离改变时附壁油膜挥发性能变化的比较图。当机体温度升高后,喷射距离为 100mm 时附壁油膜挥发量在点火时的值为 2.49mg,而喷射距离为 60mm 时,附壁油膜挥发量在点火时的值只有 2.35mg。

与进气道壁面温度为 30℃ 时相比,机体温度升高后附壁油膜挥发量无论是何种喷射距离,都有较大幅度升高;当进气道壁面温度升高到 80℃ 后,喷射距离为 100mm 时的挥发性能优于喷射距离为 60mm 时的挥发性能,这与进气道壁面温度为 30℃ 时的变化趋势相反。

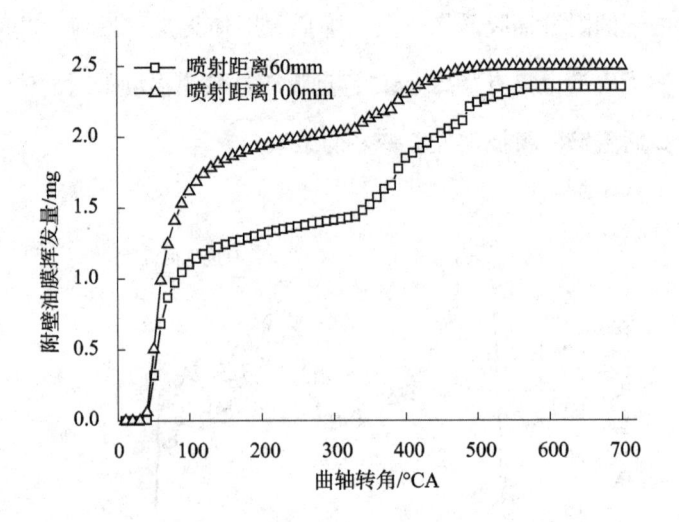

图4-32 不同喷射距离附壁油膜挥发量比较

分析认为,当机体温度升高后,由于温度差别引起的附壁油膜挥发性能差距变小,而由图4-9可知喷射距离变长时附壁油膜分布面积增大,所以附壁油膜挥发性能强于喷射距离短时。

4.5 本章小结

采用数值计算的方法研究了闭阀喷射模式时,燃油落点、进气回流、进气温度以及机体温度等参数对汽油机燃油挥发速率的影响,得到以下结论:

1)进气道附壁油膜挥发有两种不同的途径:一种是通过从发动机吸热而挥发;另一种是通过进气气流作用而挥发。当进气道温度较低时,靠吸热完成挥发的燃油量有限,导致进气气流对附壁油膜挥发的作用比较明显。

2）燃油落点处温度较高，分布面积较大有利于燃油的挥发，反之，则附壁油膜挥发性能较差。因此，在设计喷嘴安装位置时，需要综合考虑进气道形状、喷射距离和喷雾锥角，尽量避免燃油喷射到温度较低的进气道底部。

3）当存在进气回流时，回流的高温气体有助于附壁油膜的挥发；喷油时刻提前有助于附壁油膜的挥发。

4）当机体温度升高后，燃油到达壁面后会快速挥发，此时燃油落点处于进气阀背面高温区域时，附壁油膜挥发仍然有优势；进气回流依然能够加速附壁油膜挥发；喷射距离较远时，使得附壁油膜分布区域扩大有助于附壁油膜挥发；喷油时刻对附壁油膜挥发的影响变弱。

5）当机体温度较低时，通过调整燃油落点、喷油时刻等参数可以使燃油挥发速率有一定程度的提高，但是仍然不能使进气道内部附壁油膜全部挥发，还会存在附壁油膜循环剥落现象。

第 5 章　开阀喷射时燃油挥发速率与其影响因素关系的研究

由第 4 章的分析可知，所研究的发动机各控制参数对附壁油膜挥发有着不同程度的影响。但是当机体温度较低时，采用闭阀喷射模式时无法从根本上解决液态油膜进入气缸的问题。由第 1 章绪论部分可知，采用开阀喷射模式时，有助于减小进气道附壁油膜厚度，减少进气道油膜附壁现象。为此本章在开阀喷射模式下，对影响附壁油膜挥发的因素进行分析，为解决进气道附壁油膜以液态形式进入气缸的问题提供思路。

当采用开阀喷射模式时，影响燃油挥发的主要因素除机体温度外，还包括进气气流。通过改变节气门开度可实现气道内部流动状态的改变，因此分别在不同节气门开度下，考虑燃油落点、喷射距离、进气回流等因素对燃油挥发速率的影响。同时，采用闭阀喷射模式时，燃油空间挥发量可以忽略，但是对于开阀喷射模式，由于大部分燃油与进气流动相互作用，空间挥发量不可忽略，因此在研究开阀喷射模式时还需考虑空间挥发量。

第 5 章　开阀喷射时燃油挥发速率与其影响因素关系的研究

5.1　数值计算初始条件和边界条件的设置

为便于比较，初始条件和边界条件与闭阀喷射模式相同，其具体设置见表 4-2。0°CA 设定为膨胀上止点，喷油脉宽与闭阀模式保持一致，也为 2.5ms，喷油量为 2.63mg。

5.2　小节气门开度时的分析

5.2.1　燃油落点对燃油挥发速率的影响

与闭阀喷射模式相同，在燃油喷射时刻为 320°CA 的情况下，设置如图 4-1 所示三种不同燃油落点位置，以此分析燃油不同落点位置对燃油挥发速率的影响。

1. 不同燃油落点时空间挥发量的比较

图 5-1 所示为不同燃油落点时空间挥发量随曲轴转角的变化曲线。由图可以看出，在 370°CA 时燃油空间挥发量迅速增加，燃油落点分布在进气道底部时空间挥发量最大，达到 0.60mg，而燃油落点为进气阀背面上部与进气道交界处时只有 0.40mg 左右，这与闭阀喷射模式明显不同。

图 5-2 所示为不同燃油落点时附壁油膜质量随曲轴转角的变化曲线。

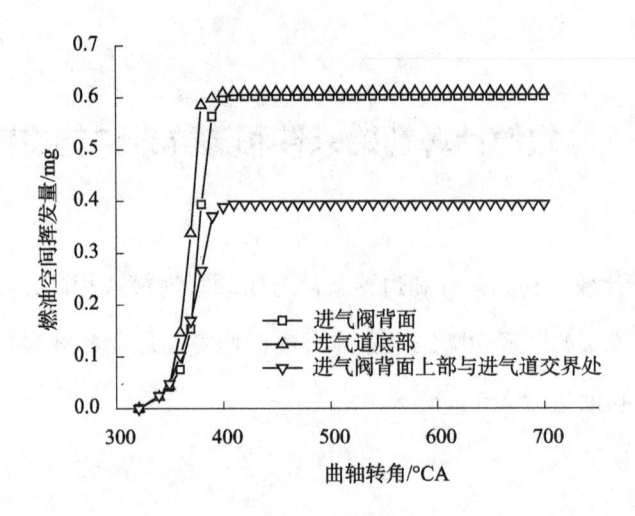

图 5-1 不同燃油落点空间挥发量比较

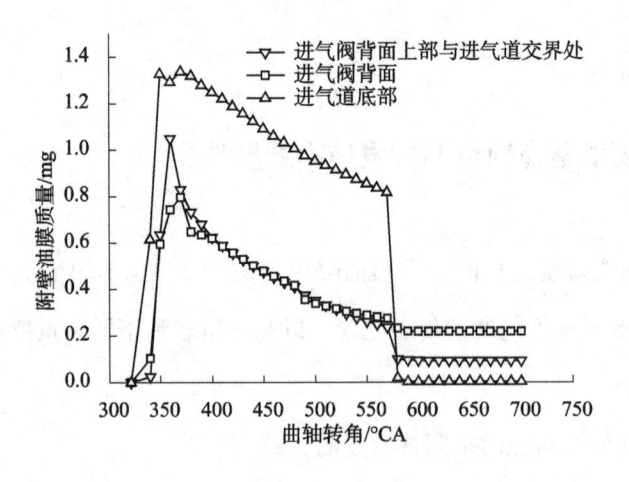

图 5-2 不同燃油落点附壁油膜质量比较

图 5-3（a）~（c）所示为不同燃油落点在 380°CA 时喷雾及油膜厚度分布图。由图可知，燃油落点为进气阀背面上部与进气道交界处时，在进气气流的作用下大量燃油能够随气流进入气缸，燃油粒子直径较大，且与气流的相对速度较小，因而挥发量较小；而燃油落点在进气道底部和进气

阀背面时，由于燃油粒子会与进气道壁面或者进气阀相互碰撞，碰撞后产生的燃油粒子直径较小，因此空间挥发效果较好。另外，通过图5-2还可以看到，当燃油落点位置为进气阀背面及进气阀背面上部与进气道交界处时，进气阀关闭后在燃烧室壁面仍然有一定量的附壁油膜存在；而燃油落点为进气道底部时则在燃烧室壁面几乎不存在附壁油膜。如前所述，当进气阀关闭后只采用燃烧室网格，由此表明，当燃油落点为进气阀背面及进气阀背面上部与进气道交界处时有燃油直接进入气缸，在燃烧室壁上产生附壁油膜，并且这部分燃油在点火时没有挥发掉；而燃油落点为进气道底部时，附壁油膜主要分布在进气道内部，气缸内部不存在附壁油膜。

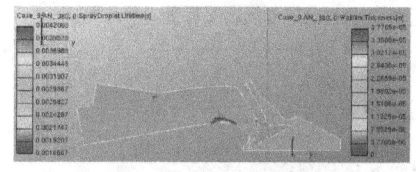

（a）燃油落点为进气道底部 　　　　（b）燃油落点为进气阀背面

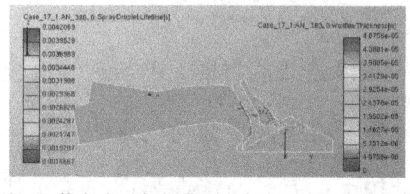

（c）落点为进气阀背面上部与进气道交界处 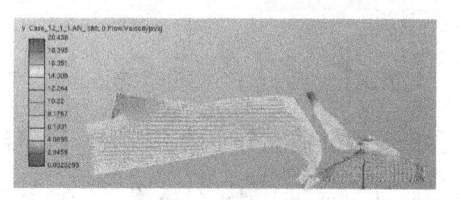　　（d）计算工况时的进气道速度场

图5-3　不同燃油落点附壁油膜厚度分布及喷雾图像

2. 不同燃油落点时附壁油膜挥发量的比较

图5-4所示为不同燃油落点时附壁油膜挥发量随曲轴转角变化的对比图。由图可见，燃油落点位置为进气阀背面上部与进气道交界处和进气阀背面时，附壁油膜开始挥发时，两种不同落点的燃油挥发速率基本一致，都大于燃油落点为进气道底部时的值；在点火时燃油落点位置为进气阀背

面上部与进气道交界处时附壁油膜挥发量约为2.01mg,燃油落点位置为进气阀背面时附壁油膜挥发量约为1.76mg,都大于燃油落点为进气道底部时的0.96mg。

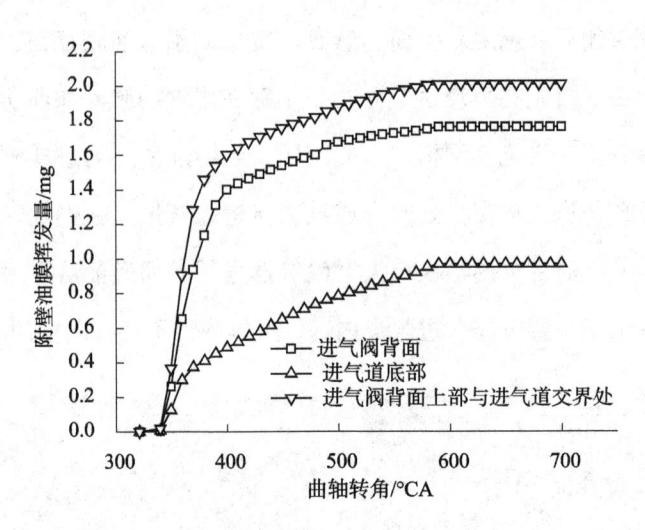

图5-4 不同燃油落点附壁油膜挥发量比较

由图5-5可知,燃油落点为进气阀背面及进气阀背面上部与进气道交界处时附壁油膜分布面积较大,附壁油膜厚度较小,与进气气流的相互作用明显,有利于燃油的挥发,因此挥发量较大;而燃油落点为进气道底部时,附壁油膜分布面积较小,附壁油膜厚度较大,并且附壁油膜分布区域处在温度较低的进气道壁上,同时此处与进气阀距离较远,由图5-3(d)可知此处的进气流速较低。几个因素共同作用的结果就是燃油落点为进气道底部时附壁油膜挥发比较困难,燃油挥发速率较低,附壁油膜挥发量较小。

最终能够参与燃烧的燃油必须以可燃混合气的形式存在,即空间挥发燃油与从附壁油膜挥发的燃油,通过与空气的混合才能最终得到利用,在点火前进入气缸的空间挥发油量与附壁油膜挥发油量的总和能够反映混合

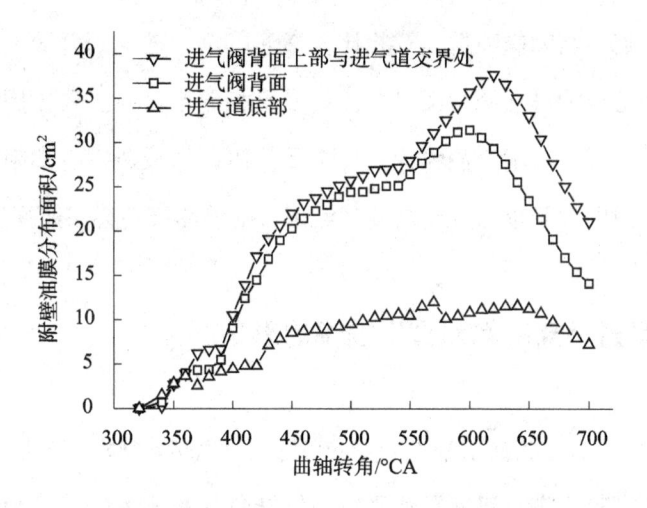

第5章 开阀喷射时燃油挥发速率与其影响因素关系的研究

图 5-5 不同燃油落点附壁油膜面积比较

的气浓度。图 5-6 所示为燃油空间挥发量与附壁油膜挥发量之和随曲轴转角的变化图。由图 5-6 可知，燃油落点为进气阀背面上部与进气道交界处时总的挥发量最大，达到 2.40mg；燃油落点为进气阀背面时，挥发量次之，总体挥发量为 2.38mg；而燃油落点为进气道底部时挥发量最小，只有 1.86mg，一定量的燃油以附壁油膜形式存在于进气道壁。

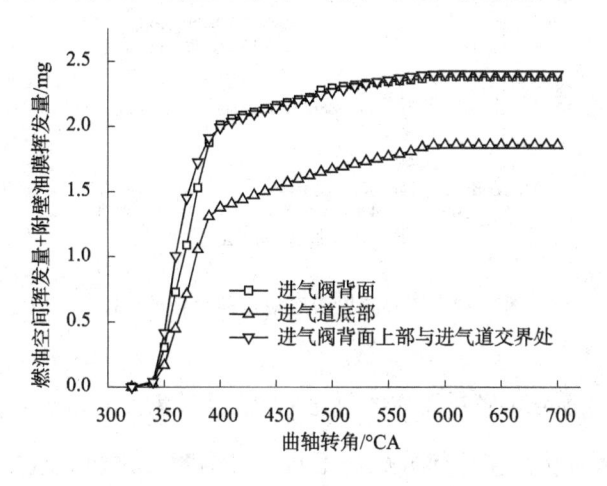

图 5-6 不同燃油落点燃油空间挥发量与附壁油膜挥发量之和比较

由此可见，与闭阀喷射模式相比，燃油落点为进气阀背面上部与进气道交界处和落点为进气阀背面时总体挥发量相差不大，主要原因是开阀喷射模式时进气气流对附壁油膜挥发起主要作用，靠吸热挥发的附壁油膜量较少，如果附壁油膜落点处于高速气流区，附壁油膜则会快速挥发。

5.2.2 喷射距离对燃油挥发速率的影响

图 5-7 所示为燃油落点为进气阀背面、燃油喷射距离分别为 100mm 和 60mm 时附壁油膜空间挥发油量随曲轴转角的对比图。其中为保证燃油到达壁面时刻相同，将喷射距离为 60mm 时的喷油时刻推迟 10°CA。由图 5-7可见，喷射距离为 60mm 时燃油空间挥发量为 0.62mg，喷射距离为 100mm 时燃油空间挥发量则为 0.16mg。

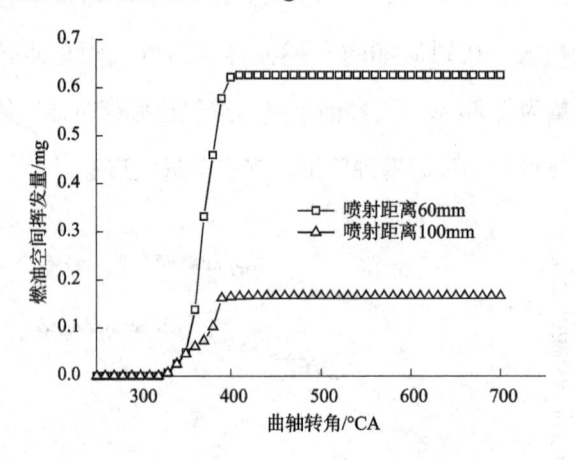

图 5-7 不同喷射距离空间挥发油量比较

由图 5-8 所示的喷雾图像的对比可知，当喷射距离增加时，油束前端分布面积增大，从而使得部分燃油不与进气阀背面碰撞而直接进入气缸，

第5章 开阀喷射时燃油挥发速率与其影响因素关系的研究

燃油粒子的直径较大,与空气的相对速度较低,因此燃油空间挥发量较小;而喷射距离为60mm时,燃油与进气阀碰撞,碰撞后的燃油粒子直径较小,与空气气流的相对速度较大,因此燃油空间挥发量较大。

(a)喷射距离为60mm　　　　　　(b)喷射距离为100mm

图5-8　不同喷射距离时附壁油膜厚度及喷雾对比

图5-9所示为不同喷射距离时附壁油膜挥发量随曲轴转角的变化曲线。由图可知,燃油喷射距离为100mm时附壁油膜挥发量为2.20mg,大于燃油喷射距离为60mm时的1.90mg。

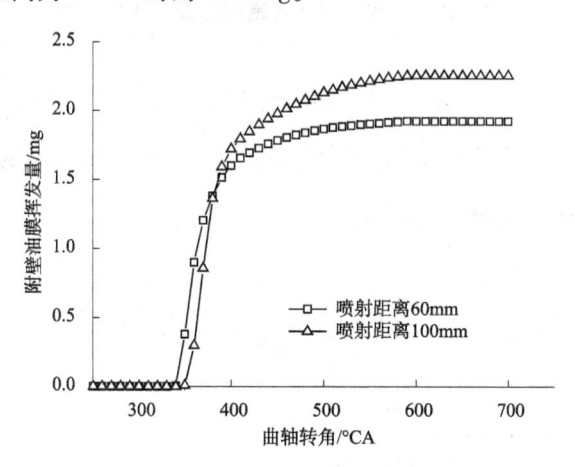

图5-9　不同喷射距离附壁油膜挥发量对比

在机体温度相同的状态下,开阀喷射时影响附壁油膜挥发的主要因素是进气气流,既能够影响燃油空间挥发量,还能够加速附壁油膜的挥发。当燃油落点都为进气阀背面时,挥发速率基本相同,此时决定附壁油膜挥发量大小的是附壁油膜质量。图 5-10 所示为不同喷射距离时附壁油膜质量的比较图。由图可知，喷射距离为 100mm 时附壁油膜质量较大，因此点火时附壁油膜挥发量较大。

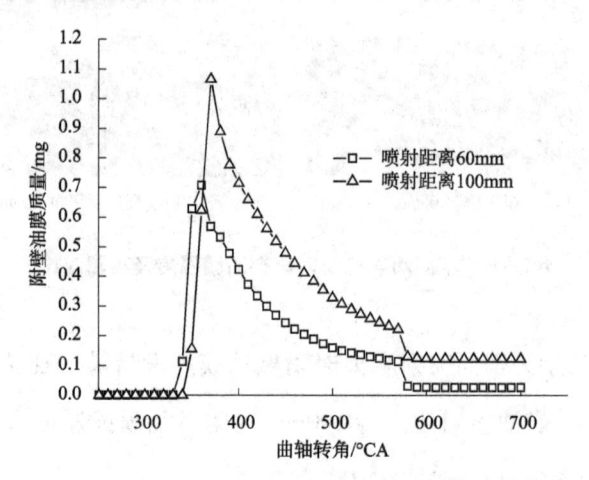

图 5-10 不同喷射距离附壁油膜质量的比较

图 5-11 所示为燃油空间挥发量与附壁油膜挥发量之和的比较图。喷射距离为 60mm 的值为 2.55mg，大于喷射距离为 100mm 时的 2.42mg。可知，当喷射距离过远时燃油挥发速率反而降低。

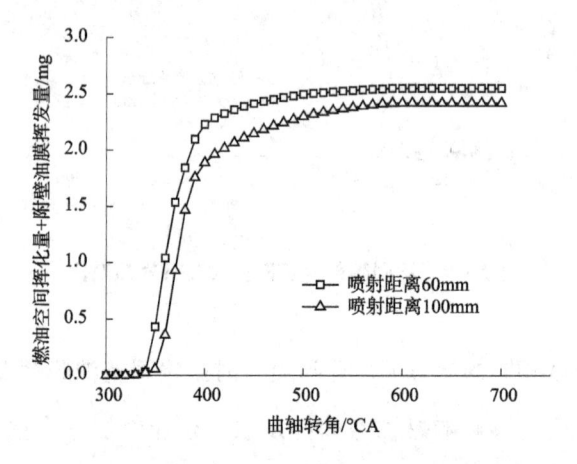

图 5-11 不同喷射距离燃油空间挥发量与附壁油膜挥发量之和的比较

5.2.3 进气回流对燃油挥发速率的影响

由第 4 章的分析可知，进气回流的存在能够加速附壁油膜的挥发，对于开阀模式的影响效果还不确定。因此在开阀喷射模式下，研究进气回流对燃油挥发的影响，进气回流的设置和闭阀喷射相同。

1. 有无进气回流时燃油空间挥发量的比较

图 5-12 所示为开阀喷射模式下有无进气回流时燃油空间挥发量的比较图。由图可知，在有进气回流的条件下，在进气阀开启后燃油空间挥发速率迅速增加，在点火时附壁油膜挥发量可达 0.62mg；而无进气回流时，进气阀开启后也会出现挥发量增加的现象，但是在点火时总的挥发量较少，只有 0.25mg。

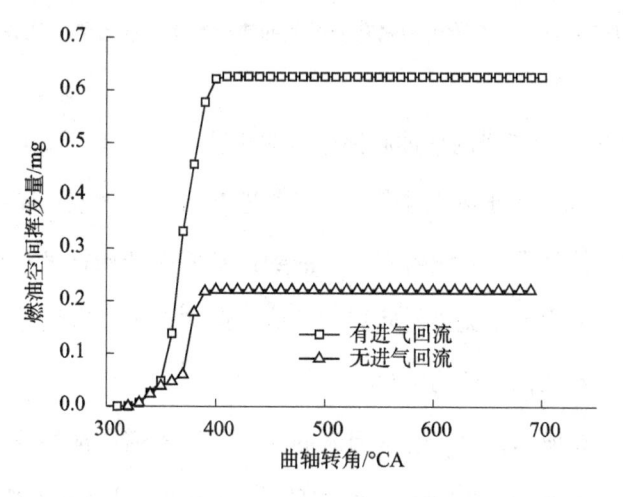

图 5-12 有无进气回流燃油空间挥发量比较图

燃油空间挥发受到环境温度和粒子与周围空气相对速度的影响。图 5-13 所示为 360°CA 有无进气回流时喷雾和温度场的比较图。由图可知，存在进气回流时,气缸内部高温燃气的回流与喷雾相互作用促进了燃油的空间挥发;而无进气回流时,环境温度低、粒子与周围空气的相对速度低,导致燃油空间挥发量较少。因此有进气回流时,燃油空间挥发量大于无进气回流时的值。

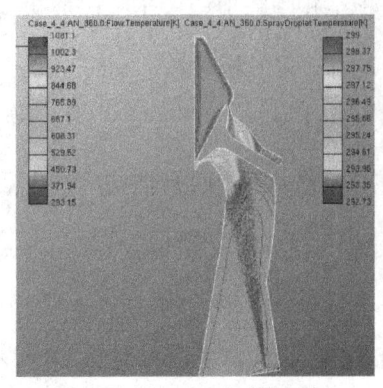

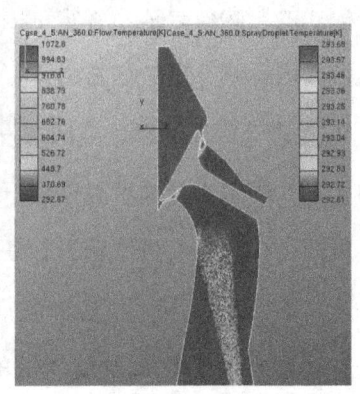

(a) 360°CA有进气回流　　(b) 360°CA无进气回流

图 5-13　开阀喷射模式有无进气回流时喷雾和温度场的比较

2. 有无进气回流时附壁油膜挥发量的比较

图 5-14 所示为开阀喷射模式下有无进气回流时附壁油膜挥发量随曲轴转角变化的比较图。由图可知,燃油到达壁面后开始挥发,且有进气回流时燃油挥发速率大于无进气回流时的值,但在点火时有无进气回流附壁油膜挥发量基本相同,约为 1.90mg。

如图 5-15 所示,由于进气回流的存在,进气道内部的温度和压力较高,使得所喷射燃油的空间分布区域较大。因此在附壁油膜挥发的初期,有进气回流时的挥发速率大于无进气回流时的值;但是附壁油膜挥发量除取决于燃油挥发速率外,还与附壁油膜质量有关。图 5-16 所示为有无进气回流时附壁油膜质量的对比图,由图可知当不存在进气回流时附壁油膜

第 5 章　开阀喷射时燃油挥发速率与其影响因素关系的研究

质量较大，从而使得无进气回流时的附壁油膜挥发量与存在进气回流时的值基本一致。

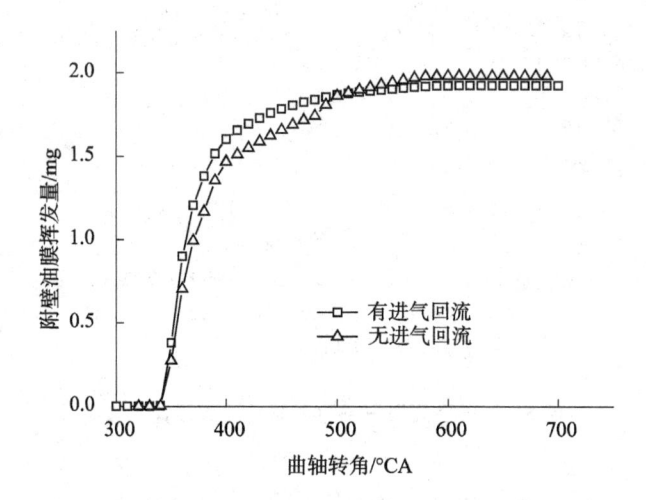

图 5-14　有无进气回流时附壁油膜挥发量比较

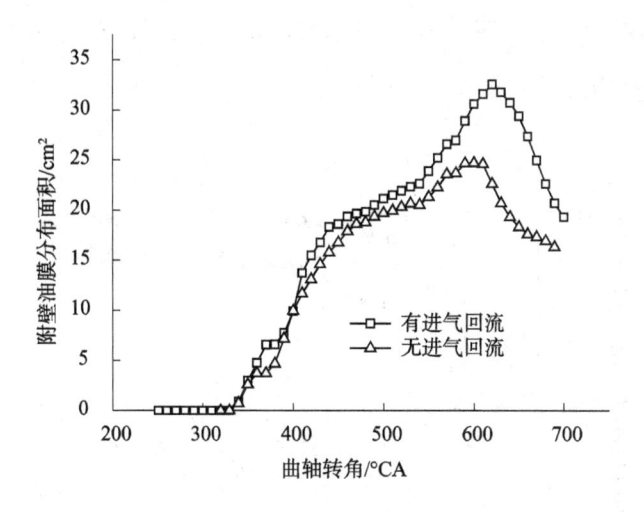

图 5-15　有无进气回流时附壁油膜分布面积比较

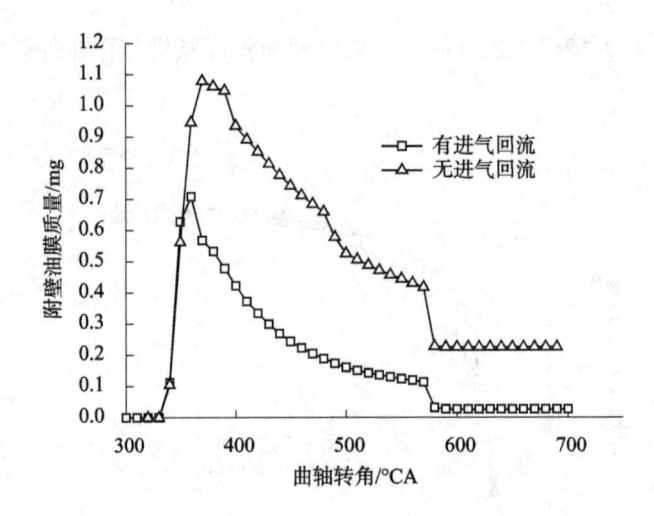

图 5–16　有无进气回流时附壁油膜质量比较

图 5–17 所示为燃油空间挥发量与附壁油膜挥发量之和随曲轴转角的变化图。通过该图可以看到，进气回流的存在使得燃油总体挥发量大于无进气回流时的值。这表明采用开阀喷射模式时，进气回流对燃油挥发性能够起到促进作用。

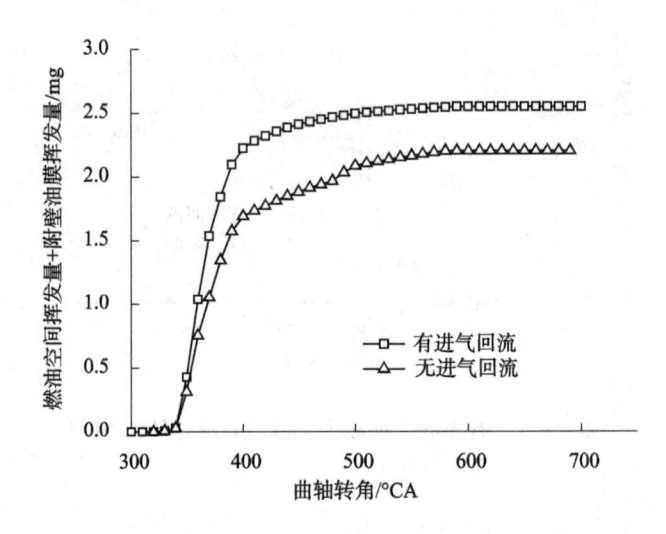

图 5–17　有无进气回流时燃油空间挥发量与附壁油膜挥发量之和比较

5.2.4 喷油时刻对燃油挥发速率的影响

1. 不同喷油时刻时燃油空间挥发量的比较

图 5-18 所示为不同喷油时刻时燃油空间挥发量的比较图。由图可知，当喷油时刻为 320°CA 时，燃油空间挥发量最大，喷油时刻为 400°CA 时，燃油空间挥发量最小。如图 5-19 所示，喷油时刻为 320°CA 时，燃油到达壁面后会产生反射，部分燃油粒子重新回到进气道内部，这部分燃油粒子与进气气流的相对速度较大，从而使得燃油空间挥发量较大；而其他两种喷油时刻，燃油粒子产生偏转，会随进气气流进入气缸，与空气的相对速度较小，因此燃油空间挥发量较小。

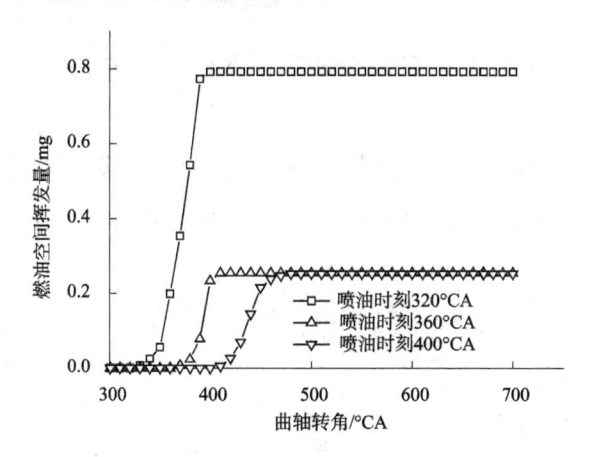

图 5-18 不同喷油时刻时燃油空间挥发量的比较

2. 不同喷油时刻时附壁油膜挥发量的比较

图 5-20 所示为不同喷油时刻时附壁油膜挥发量随曲轴转角变化的比较图。由图可知，在进气冲程喷射燃油到达壁面时附壁油膜挥发量开始迅

(a) 喷油时刻为320°CA

(b) 喷油时刻为360°CA

(c) 喷油时刻为400°CA

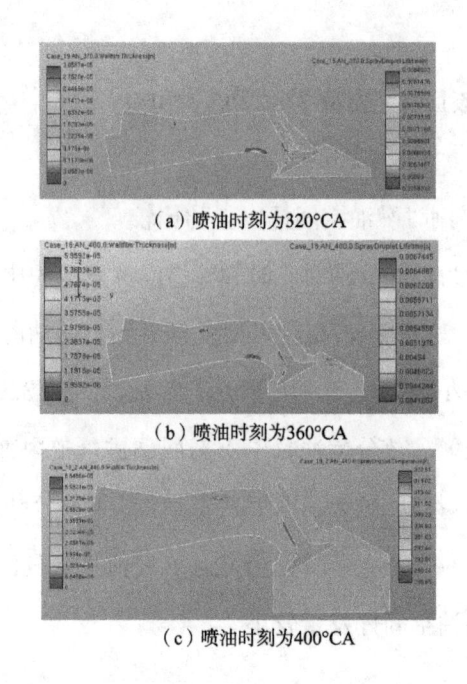

图 5-19　不同喷油时刻时喷雾及温度场分布图

速增加；喷油时刻为 360°CA 时，在点火时附壁油膜挥发量最大，为 1.63mg，而喷油时刻 400°CA 的值最小，仅为 0.91mg。

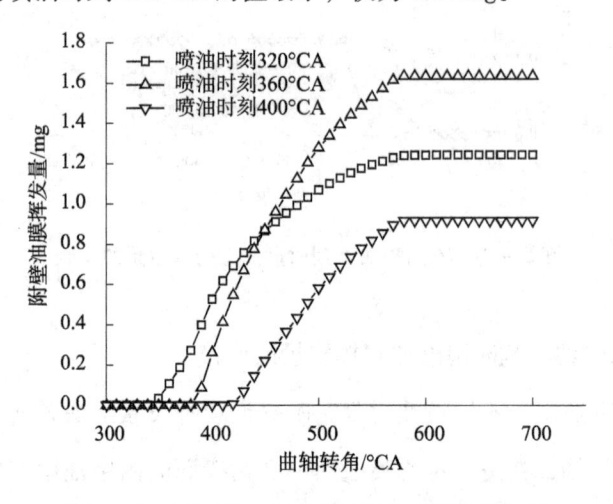

图 5-20　不同喷油时刻时附壁油膜挥发量比较

第5章 开阀喷射时燃油挥发速率与其影响因素关系的研究

由前述分析可知，进气气流能够增加燃油挥发速率，喷油时刻为 320°CA 和 360°CA 时，燃油到达壁面时进气气流的速度较大，此时附壁油膜的挥发速率较大，但是由于喷油时刻为 320°CA 时附壁油膜质量较小，如图 5-21 所示，使得附壁油膜挥发量总体较少。当喷油时刻为 400°CA 时，附壁油膜分布在两个不同的区域：一个分布区域是进气阀背面，此部分燃油能够在进气气流的作用下迅速挥发，因此初期燃油挥发速率与喷油时刻为 320°CA 和 360°CA 时的燃油挥发速率基本相同；另一分布区域是燃烧室壁上，这部分燃油主要是依靠吸热挥发，由于燃油的挥发时间较短，因此附壁油膜挥发量较少。

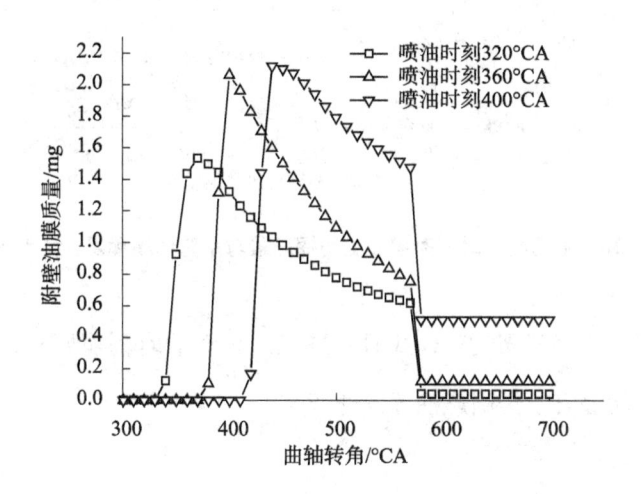

图 5-21 不同喷油时刻时附壁油膜质量比较

通过图 5-21 所示附壁油膜质量随曲轴转角的变化可知，当进气阀关闭后喷油时刻为 400°CA 时，仍然有一定量的附壁油膜在燃烧室内存在，这部分燃油在点火时仍然不能够完全挥发，从而会对发动机动力性能及排放性能造成影响。

3. 不同喷油时刻时燃油空间挥发量与附壁油膜挥发量之和的比较

图 5-22 所示为不同喷油时刻时燃油空间挥发量与附壁油膜挥发量之和随曲轴转角的变化图。由图可知，喷油时刻为 320°CA 时，燃油空间挥发量与附壁油膜挥发量的总和最大，而喷油时刻为 400°CA 时的值最小。

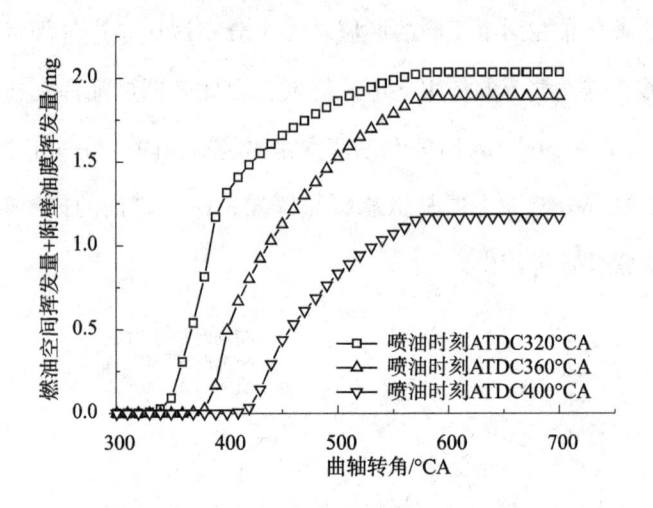

图 5-22 不同喷油时刻时燃油空间挥发量与附壁油膜挥发量之和比较

这表明，采用开阀喷射模式时，进气冲程喷油时刻需要与进气流动总体考虑，才能够有效提高燃油挥发速率。

5.3 大节气门开度时的计算分析

由前面分析可知，采用开阀喷射模式时进气流速是影响燃油挥发的重要因素，当进气阀开度变化时，进气流速随之改变。前述因素对附壁油膜挥发的影响效果是否改变，需要进一步研究，因此通过调节节气门开度使进气气流速度发生变化，考察上述分析因素对燃油挥发速率的影响，为了便于比较，喷油量保持不变。

5.3.1 燃油落点对燃油挥发速率的影响

与小节气门开度时相同，设置如图 4-1 所示的三种不同燃油落点位置：进气阀背面、进气道底部、进气阀背面上部与进气道交界处，以此分析燃油不同落点位置对燃油挥发过程的影响。

图 5-23 所示为燃油落点不同时燃油空间挥发量随曲轴转角的变化曲线。由图可以看出，在 370°CA，即进气阀开启后，燃油空间挥发量迅速增加，燃油落点分布在进气阀背面及进气道底部时的燃油空间挥发量分别为 0.62mg 及 0.61mg，与小节气门开度相比，两种挥发量的差距变小；而燃油落点为进气阀背面上部与进气道交界处时燃油空间挥发量则只有 0.44mg。

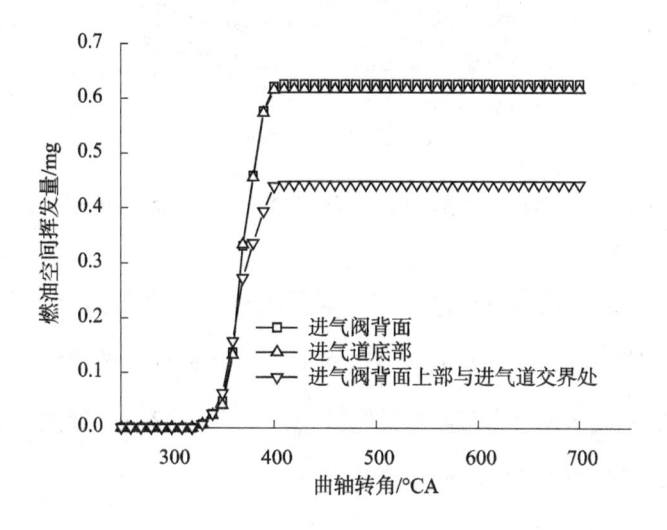

图 5-23 燃油落点不同时燃油空间挥发量对比

由图 5-24（a）~（c）所示的 360°CA 燃油落点不同时喷雾及附壁油膜厚度分布图可知，燃油落点在进气阀背面及进气道底部时的燃油空间挥发量较大，其解释与小节气门开度相同。这主要是在发动机转速保持不变的情况下，节气门开度变大时，进气流速增加，使得燃油空间挥发量略有增加。

（a）落点在进气阀背面上部与进气道交界处

（b）落点在进气道底部

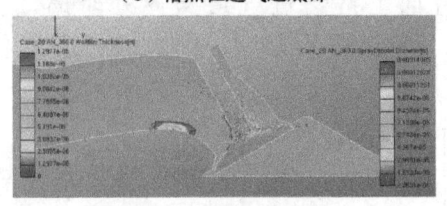

（c）落点在进气阀背面

图 5-24　360°CA 燃油落点不同时喷雾及附壁油膜厚度分布图

由图 5-25 所示的燃油落点不同时附壁油膜挥发量的对比图可看到，燃油落点位置为进气阀背面上部与进气道交界处和进气阀背面时，燃油挥发速率基本一致，在点火时附壁油膜挥发量约为 1.92mg，都大于燃油落点为进气道底部时的 1.20mg。

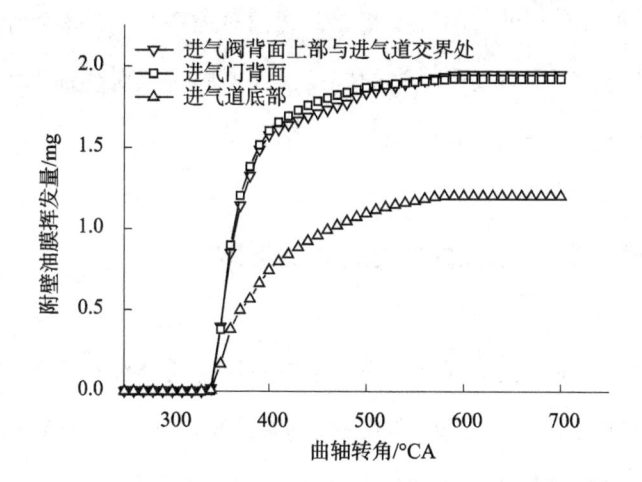

第5章 开阀喷射时燃油挥发速率与其影响因素关系的研究

图5-25 燃油落点不同时附壁油膜挥发量比较

图5-26所示为燃油空间挥发量与附壁油膜挥发量之和随曲轴转角变化的比较图。由图可知，燃油落点为进气阀背面时总的挥发量最大，达到2.55mg；燃油落点为进气阀背面上部与进气道交界处时次之，总体挥发量为2.39mg；而燃油落点为进气道底部时总的挥发量最小，只有1.81mg。

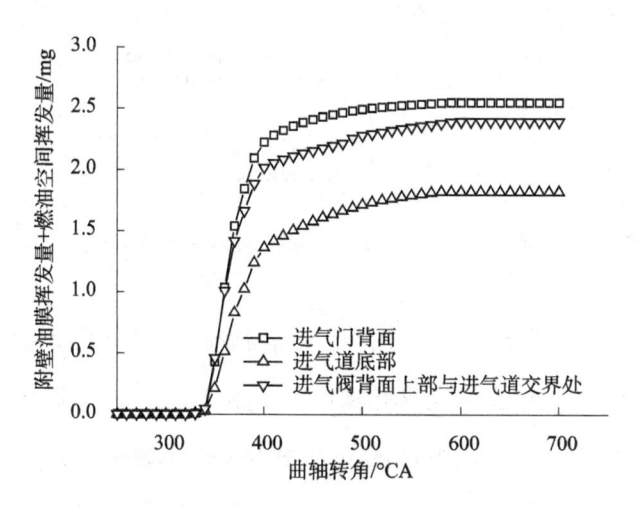

图5-26 燃油落点不同时附壁油膜挥发量与燃油空间挥发量之和的比较

由此可见，与小节气门开度相比，燃油总体挥发量略有增加，这表明节气门开度增大时，有助于燃油的挥发，但不同落点对燃油挥发速率的影响效果与小节气门开度一致。

5.3.2 喷射距离对燃油挥发速率的影响

图 5-27 所示为大节气门开度时不同喷射距离燃油空间挥发量随曲轴转角的变化曲线。由图可见，喷射距离为 60mm 时，燃油空间挥发量为 0.90mg；喷射距离为 100mm 时，燃油空间挥发量则为 0.33mg。

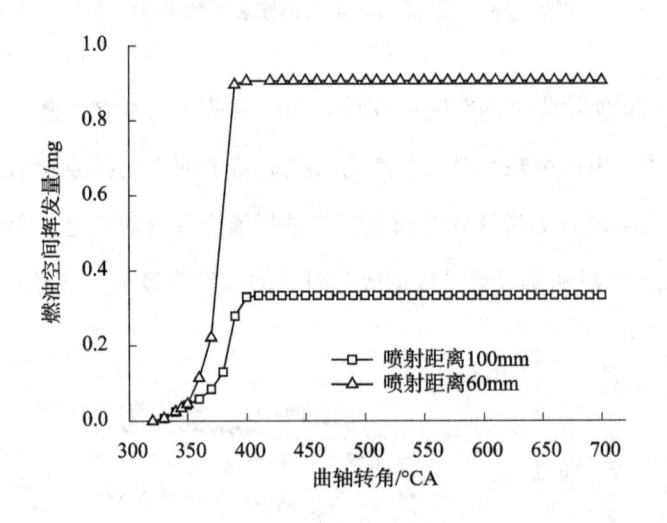

图 5-27 不同喷射距离燃油空间挥发量随曲轴转角的变化曲线

图 5-28 所示为大节气门开度时不同喷射距离附壁油膜挥发量随曲轴转角的变化曲线。由图可知，燃油喷射距离为 100mm 时，附壁油膜挥发量为 2.10mg；燃油喷射距离为 60mm 时，附壁油膜挥发量为 1.70mg。

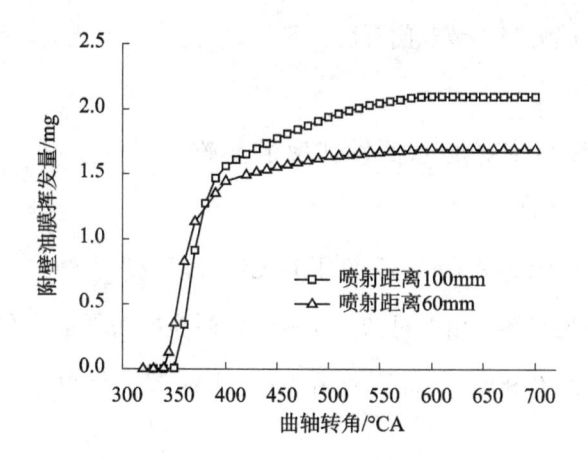

第5章 开阀喷射时燃油挥发速率与其影响因素关系的研究

图 5-28 不同喷射距离附壁油膜挥发量随曲轴转角的变化曲线

图 5-29 所示为大节气门开度时不同喷射距离燃油空间挥发量与附壁油膜挥发量之和的比较图。由图可知，喷射距离为 60mm 的值为 2.54mg，大于喷射距离为 100mm 时的 2.43mg。

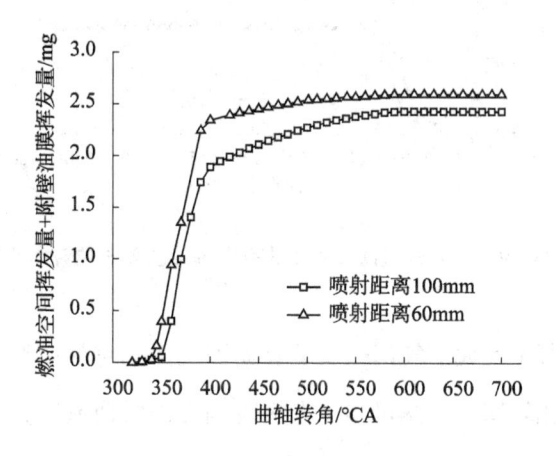

图 5-29 不同喷射距离燃油空间挥发量与附壁油膜挥发量之和对比

通过以上比较可以看到，当节气门开度变大时，总体燃油挥发量增加，这表明进气流速增加有助于燃油挥发速率的提高；但不同喷射距离时的挥发量变化趋势与小节气门开度一致。

5.3.3 进气回流对燃油挥发速率的影响

图 5-30 所示为大节气门开度下有无进气回流时燃油空间挥发量随曲轴转角变化的比较图。由图可知，在有进气回流的条件下，在点火时燃油空间挥发量为 0.90mg；而不存在进气回流时，燃油空间挥发量只有 0.30mg。

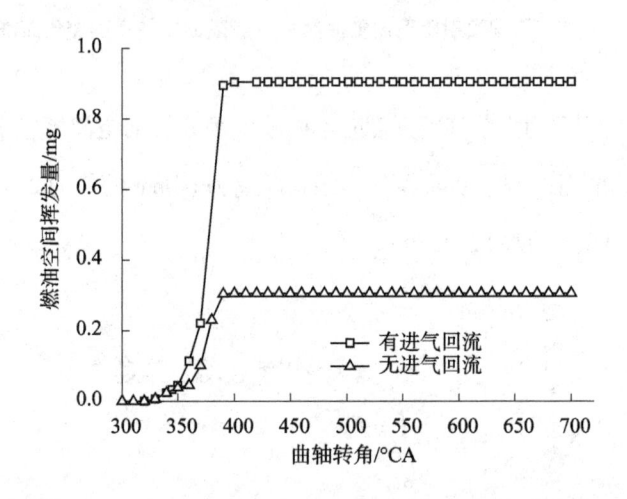

图 5-30 有无进气回流时燃油空间挥发量随曲轴转角变化

图 5-31 所示为大节气门开度下有无进气回流时附壁油膜挥发量随曲轴转角的变化比较图。由图可知，点火时刻有进气回流时，附壁油膜挥发量为 1.90mg；无进气回流时，附壁油膜挥发量为 1.70mg。

图 5-32 所示为有无进气回流时燃油空间挥发量与附壁油膜挥发量之和随曲轴转角的变化，存在进气回流时燃油总体挥发量为 2.60mg，而不存在进气回流时则只有 2.30mg。

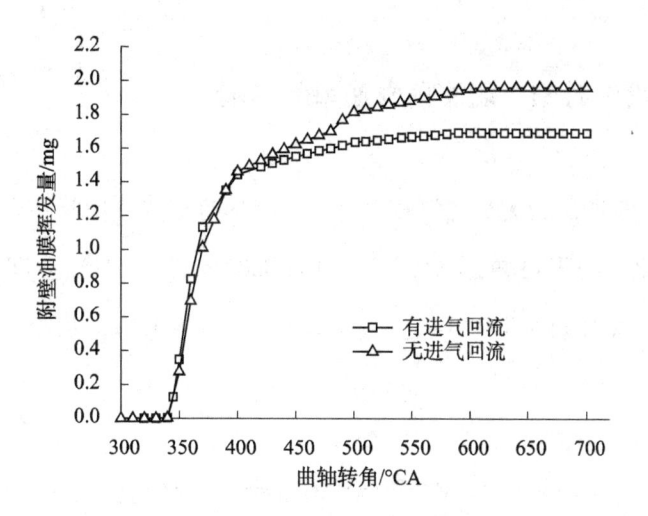

第 5 章　开阀喷射时燃油挥发速率与其影响因素关系的研究

图 5-31　有无进气回流时附壁油膜挥发量随曲轴转角的变化

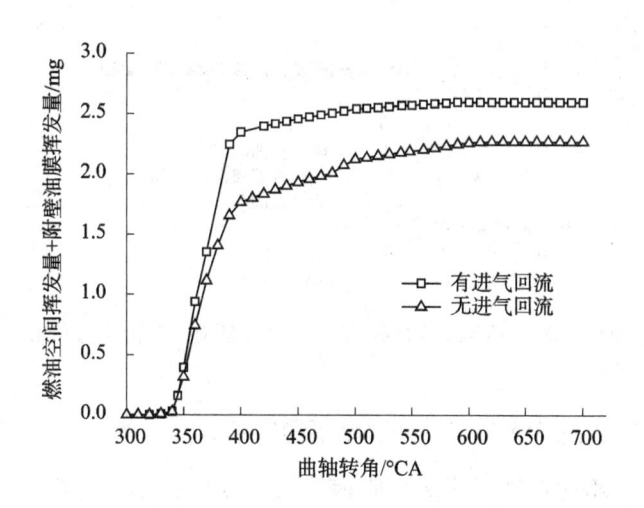

图 5-32　有无进气回流时燃油空间挥发量与附壁油膜挥发量之和随曲轴转角的变化

通过以上分析可知,当节气门开度增大时,进气流速的增加使得燃油空间挥发量增加,而对应的是附壁油膜量的减少,从而使附壁油膜挥发量减少;但进气回流对燃油挥发速率的影响效果与小节气门开度一致。

5.3.4 喷油时刻对燃油挥发速率的影响

图 5-33 所示为大节气门开度时不同喷油时刻燃油空间挥发量随曲轴转角的变化。由图可知，当喷油时刻为 320°CA 时，燃油空间挥发量为 0.85mg；喷油时刻为 360°CA、400°CA 时，燃油空间挥发量相差不大，都约为 0.40mg。

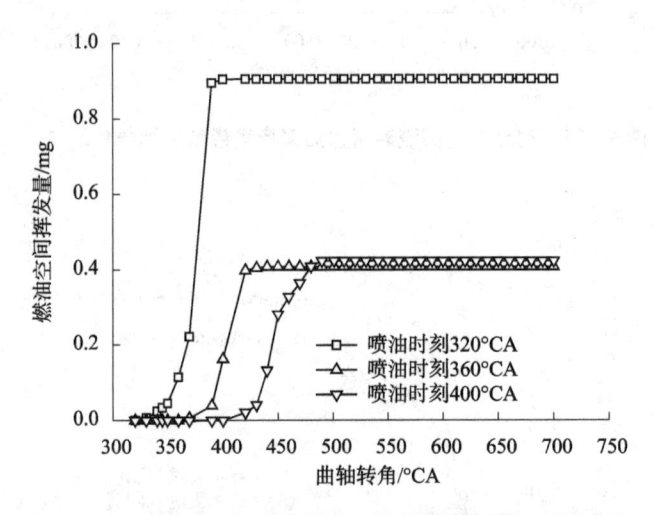

图 5-33 不同喷油时刻燃油空间挥发量随曲轴转角的变化

图 5-34 所示为大节气门开度时不同喷油时刻附壁油膜挥发量随曲轴转角的变化。由图可知，附壁油膜挥发量的变化与小节气门开度时一致，喷油时刻为 320°CA 时，附壁油膜挥发量为 1.70mg；喷油时刻为 360°CA 时，附壁油膜挥发量为 2.10mg；而喷油时刻为 400°CA 时，附壁油膜挥发量为 1.91mg。

图 5-35 所示为大节气门开度时不同喷油时刻燃油空间挥发量与附壁油膜挥发量之和随曲轴转角的变化。由图可知，当喷油时刻为 320°CA 时，

燃油挥发量最大，为 2.60mg；喷油时刻为 360°CA 时次之，为 2.40mg；喷油时刻为 400°CA 时最小，为 2.30mg。

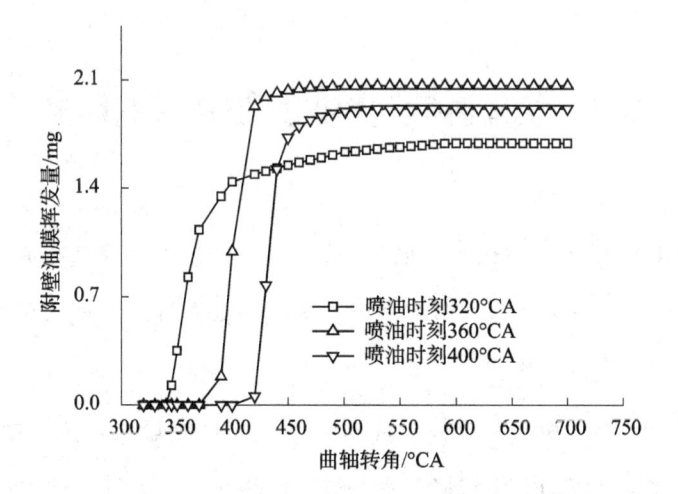

图 5-34 不同喷油时刻附壁油膜挥发量随曲轴转角的变化

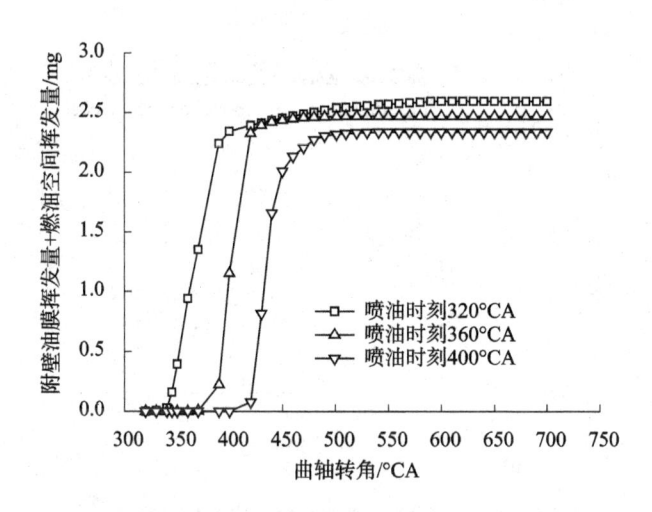

图 5-35 不同喷油时刻燃油空间挥发量与附壁油膜挥发量之和随曲轴转角的变化

以上分析说明，当节气门开度增大时，喷油时刻对附壁油膜挥发的影响作用一样，即喷油时刻需要与进气流动相互结合，才能够达到最优效果，这与小节气门开度时的分析结果一致。

5.4　机体温度对燃油挥发速率的影响

由第4章的内容可知，发动机机体温度对于燃油挥发速率有着重要的影响。因此在开阀喷射时，对燃油落点为进气阀背面，不同机体温度时的燃油挥发情况进行考察。

图5-36所示为不同机体温度时燃油空间挥发量比较图。由图可知，燃油空间挥发过程的变化趋势基本一致，但是在点火时进气道温度为80℃的挥发量要大于进气道温度为30℃时的挥发量。

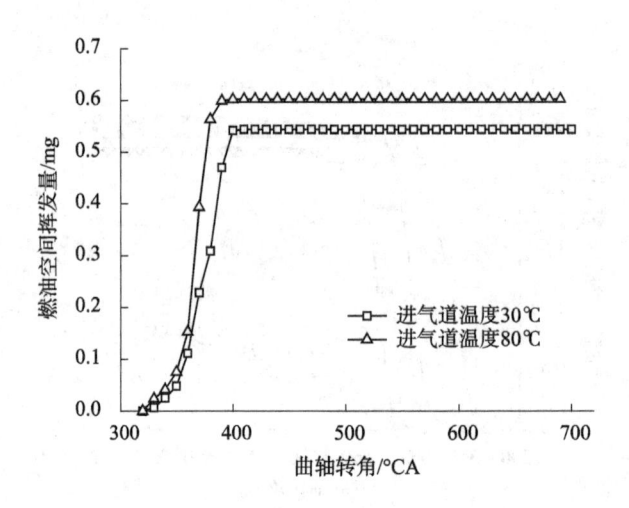

图5-36　不同机体温度时燃油空间挥发量比较

图5-37所示为不同机体温度时附壁油膜挥发量比较图。由图可见，当温度升高时，附壁油膜挥发过程与温度较低时明显不同。当进气道壁面

第5章 开阀喷射时燃油挥发速率与其影响因素关系的研究

温度为80℃时，燃油到达壁面则快速挥发；在点火时进气道温度为80℃的附壁油膜挥发量达到1.92mg，远远大于进气道温度为30℃的1.37mg。

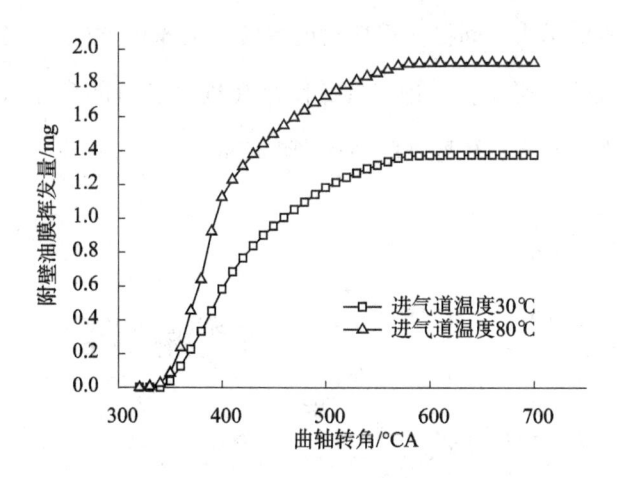

图 5-37 不同机体温度时附壁油膜挥发量比较

图 5-38 所示为不同机体温度时燃油空间挥发量与附壁油膜挥发量之和的比较。由图可知，当进气道温度为80℃时，挥发量为2.36mg；而进气道温度为30℃时，挥发量只有1.93mg。

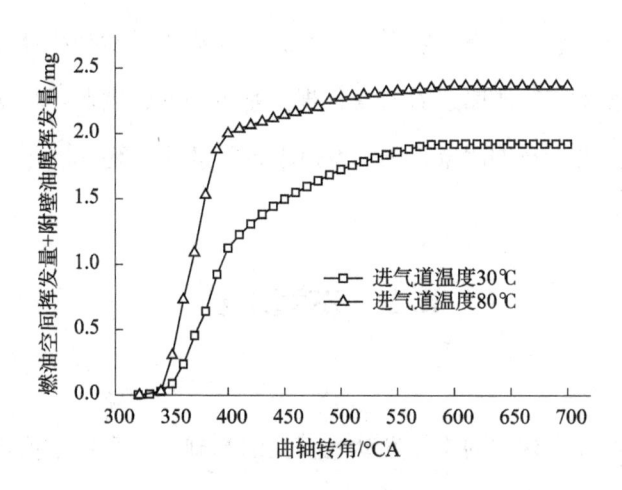

图 5-38 不同机体温度时燃油空间挥发量与附壁油膜挥发量之和的比较

以上分析表明，机体温度对燃油挥发速率的影响要大于气体流动对燃油挥发速率的影响。

图 5-39 所示为不同机体温度时附壁油膜质量的比较。由图可知，在机体温度较低的情况下，当进气阀关闭后在进气道内部存在 0.75mg 的附壁油膜，从而容易产生附壁油膜循环剥落现象。

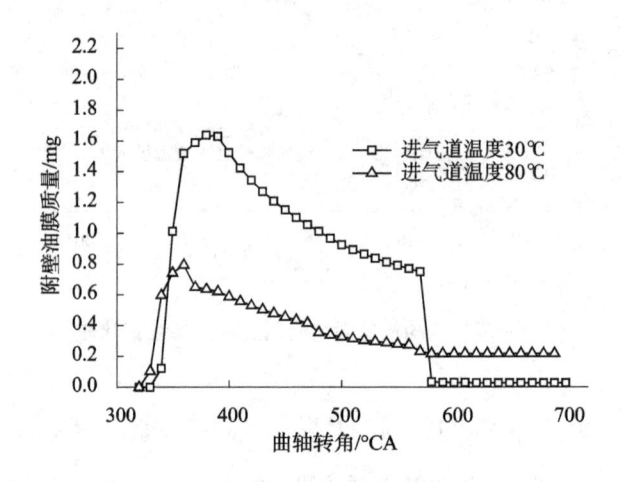

图 5-39　不同机体温度时附壁油膜质量比较

而通过比较燃油落点、喷射距离及进气回流等因素随机体温度的变化可知，开阀喷射与闭阀喷射时的变化规律基本一致，因此不再对开阀喷射时机体温度改变后影响附壁油膜挥发速率各因素进行逐一分析。

5.5　本章小结

本章在第 3 章建立的实际发动机模型的基础上，采用数值计算的方法研究了开阀喷射模式时，燃油落点、喷射距离、进气回流、喷油时刻及机

第 5 章 开阀喷射时燃油挥发速率与其影响因素关系的研究

体温度等参数对 PFI 汽油机燃油挥发速率的影响,得到以下结论:

1)与闭阀喷射模式相比,在开阀喷射模式下,进气流动对于空间挥发及附壁油膜挥发的作用更加明显,当附壁油膜落点处于气流的高速区时有助于燃油的挥发。

2)喷射距离为 100mm 时,附壁油膜挥发量较大,但是燃油空间挥发量较小,综合两者之和可知,当喷射距离过远时,燃油挥发速率降低。

3)进气回流的存在能够增加燃油的空间挥发量,但是对于附壁油膜挥发性能的改善并不明显,由燃油空间挥发量与附壁油膜挥发量之和的对比可知,采用开阀喷射模式时,进气回流对燃油挥发速率能够起到促进作用。

4)喷油时刻推迟时燃油空间挥发量降低。喷油时刻为 360°CA 时,附壁油膜挥发性能最好,喷油时刻再推迟则附壁油膜挥发性能下降;由燃油空间挥发量与附壁油膜挥发量之和可知,喷油时刻为 320°CA 时,燃油挥发速率较高。

5)当节气门开度变大时,燃油落点改变则燃油总体挥发量略有变化。当燃油落点处于气流的高速区时,燃油挥发速率较大;喷射距离过远不利于燃油挥发;较高的流速会增加燃油空间挥发量,但对燃油总体挥发量基本没有影响;进气回流能够增加燃油空间挥发量,从而提高燃油总体挥发量;喷油时刻在 320°CA 时,燃油挥发速率最大。

6)机体温度对于燃油挥发速率的影响大于进气流动对燃油挥发速率的影响。当机体温度较低时,开阀喷射模式下进气道内部附壁油膜也会以液态形式进入气缸。

第6章　两次燃油喷射对燃油挥发速率影响的计算分析

通过第 4 章和第 5 章的分析可知，闭阀喷射时，将燃油喷射时刻提前可使燃油有较长的挥发时间，有利于提高燃油的挥发速率；开阀喷射时，合理设置喷油时刻能使所喷射燃油与进气气流相互作用，可促进燃油的挥发速率，减少以液态形式进入缸内的附壁油膜量。在前期工作中曾经对两次燃油喷射技术进行过初步试验研究，试验结果表明，与单次喷油相比，采用两次喷射能够明显地改善发动机性能。两次燃油喷射技术是天津大学刘书亮教授等人在车用发动机上提出的一种实现准均质稀燃的技术，将所需燃油分为两次喷射，第一次喷射在膨胀冲程，由于进气阀打开的前期缸内没有形成滚流，喷射的燃油能在缸内形成均质稀混合气；第二次喷油在进气行程，借助缸内的滚流运动，喷射的燃油可被卷吸到火花塞附近实施局部加浓。参考文献 [118] 提出，采用直进气道的二气门发动机缸内涡流和滚流都较弱，形成的混合气趋于均质，在二气门汽油机上实现稀薄燃烧必须增加进气流动强度，使缸内产生浓度分布适当的混合气，以利于混合气的点燃。由此可见，在车用发动机上的应用都是借助进气滚流组织分层燃烧，提高发动机性能。

摩托车发动机不组织滚流，无法提供在车用发动机上形成分层燃烧的

第6章 两次燃油喷射对燃油挥发速率影响的计算分析

进气滚流条件。因此，在摩托车发动机上应用时的机理与车用发动机有明显的不同。

因此，采用数值计算的方法对两次喷射与单次喷射进行比较，研究两次燃油喷射对燃油挥发速率的影响，揭示两次燃油喷射技术改善摩托车发动机性能的机理。

6.1 怠速暖机工况下两次喷射与单次喷射的比较

6.1.1 数值计算初始条件和边界条件的设置

由第4章和第5章的分析可知，在发动机机体温度较低时附壁油膜循环剥落现象比较严重。因此，首先对怠速暖机工况下两次喷射与单次喷射进行比较。通过调整喷射角度和安装位置使燃油落到进气阀背面，两次喷射时膨胀冲程喷油时刻设在40°CA，进气冲程喷油时刻设在320°CA；单次喷射时喷油时刻设在40°CA，总体喷油量保持不变。

6.1.2 喷雾过程的比较

当进气道内有空气流动时，就会对燃油油束产生影响，最明显的影响就是燃油油束出现偏转，从而使燃油的落点位置发生变化。图6-1所示为不同喷射模式下燃油落点的比较。由图可见，开阀喷射模式下，由于进气流动的作用使得燃油油束发生明显的偏转，使得燃油的落点与闭阀喷射模

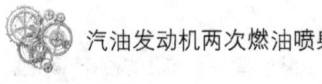

式下有明显的区别,并且分布面积也增大。这主要是由于进气流动使得燃油粒子在进气流动方向上产生了分速度,使燃油沿着进气气流方向偏转,从而使燃油能够分布在更宽广的区域上。

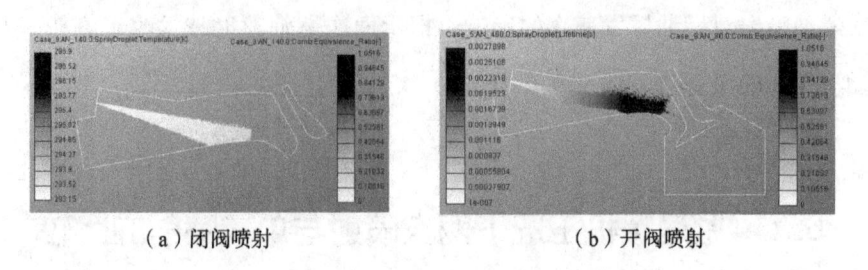

(a) 闭阀喷射　　　　　　　　　(b) 开阀喷射

图 6-1　不同喷射模式下燃油落点比较图

6.1.3　燃油空间挥发量的比较

图 6-2 所示为单次喷射与两次喷射时燃油空间挥发量随曲轴转角的变化。由图可见,如果是单次喷射,在喷射开始的初始阶段燃油空间挥发量增长缓慢,当进气阀打开时,燃油空间挥发量迅速增加,当燃油空间挥发量达到 0.06mg 时,几乎不再增加;当燃油分两次喷射时,当进气阀开启之前第一次喷射燃油的空间挥发速率与单次喷射基本一致,当第二次喷射的燃油到达进气阀附近时,由于此处的进气流速较高,使燃油的空间挥发量迅速增加,最终燃油空间挥发量约为 0.33mg。

采用两次喷射时,第二次燃油喷射在进气过程中进行,此时进气道内部流速较高,使得燃油与气流的运动较剧烈,能够加速燃油的挥发。因此,进气阀开启的状态下喷射燃油的空间挥发量大于进气阀关闭状态下喷射时的值。

第 6 章 两次燃油喷射对燃油挥发速率影响的计算分析

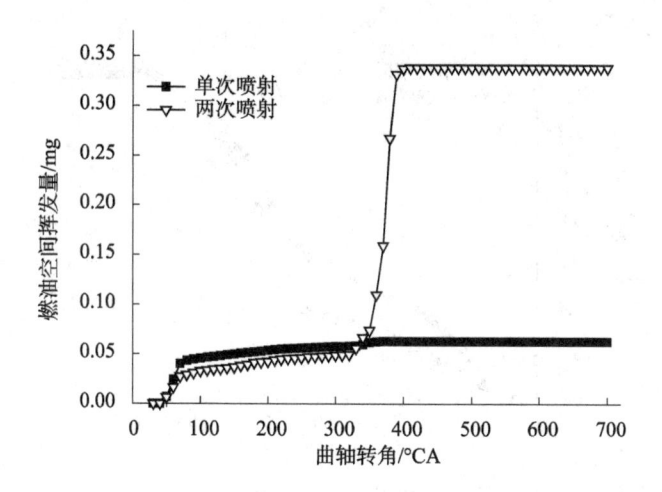

图 6-2 单次喷射和两次喷射时燃油空间挥化量随曲轴转角的变化

6.1.4 附壁油膜挥发性能的比较

图 6-3 所示为单次喷射与两次喷射时附壁油膜挥发量随曲轴转角的变化。由图可知，附壁油膜的挥发过程可分为三个阶段，即进气阀开启前、进气阀开启及进气阀关闭后。在进气阀开启之前，尽管单次喷射附壁油膜量是两次喷射时的两倍，如图 6-4 所示，但是附壁油膜挥发量在进气阀开启之前不到两次喷射时的两倍。原因在于进气阀开启前，单次喷射时附壁油膜量大，但其附壁油膜分布面积与两次喷射相差不大，如图 6-5 所示，造成其附壁油膜的厚度较大，如图 6-6 所示。而附壁油膜的挥发主要取决于附壁油膜的厚度与分布面积，厚度越小、分布面积越大，附壁油膜的挥发性越好。因此，单次喷射时附壁油膜量虽多但是挥发量却没有大幅度地增加。

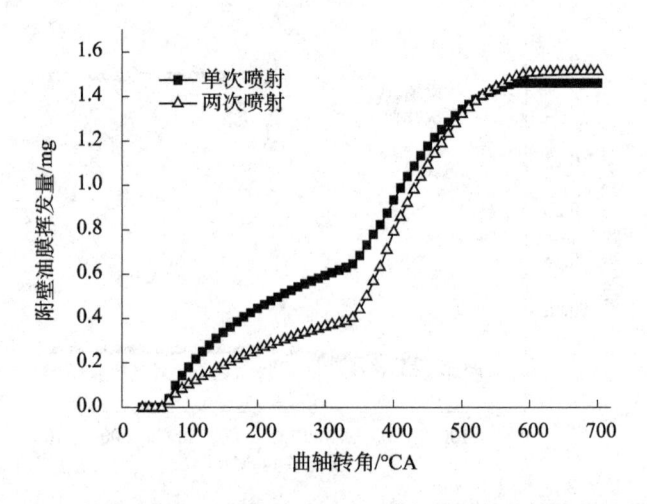

图6-3 单次喷射和两次喷射时附壁油膜挥发量随曲轴转角的变化

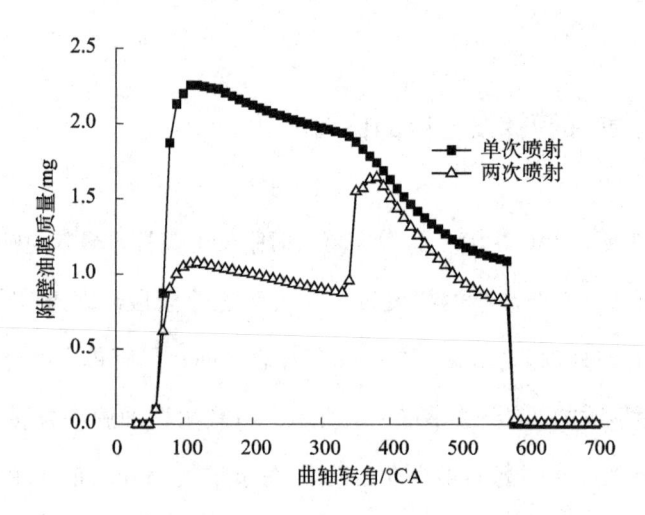

图6-4 单次喷射和两次喷射时附壁油膜量随曲轴转角的变化

进气阀开启后，约在400°CA喷射时，单次喷射和两次喷射的附壁油膜量都快速增加，直到附壁油膜挥发量基本不变。分析认为，当进气阀开启后，由于进气流动的作用使得部分燃油进入缸内，使得附壁油膜的分布面积迅速增加（图6-5），附壁油膜的厚度迅速减小（图6-6），从而使附壁油膜的挥发速率加快,附壁油膜挥发量明显增加。当附壁油膜挥发到一定程度时,处于高温区域的燃油已基本挥发完毕,此时所剩下的燃油主要处于温度较低的区域,挥发较慢。

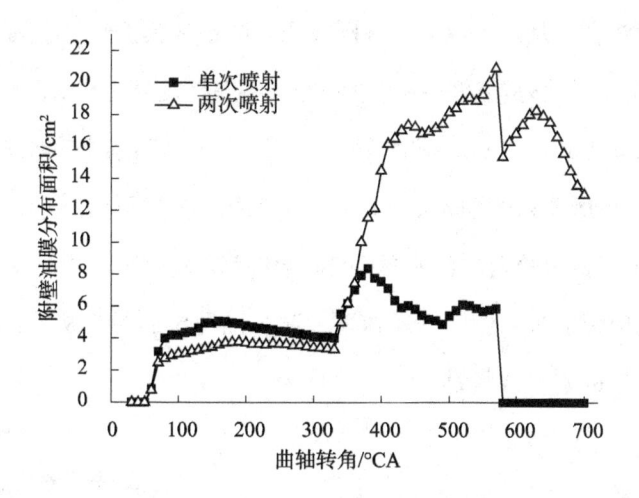

图6-5 单次喷射和两次喷射时附壁油膜分布面积随曲轴转角的变化

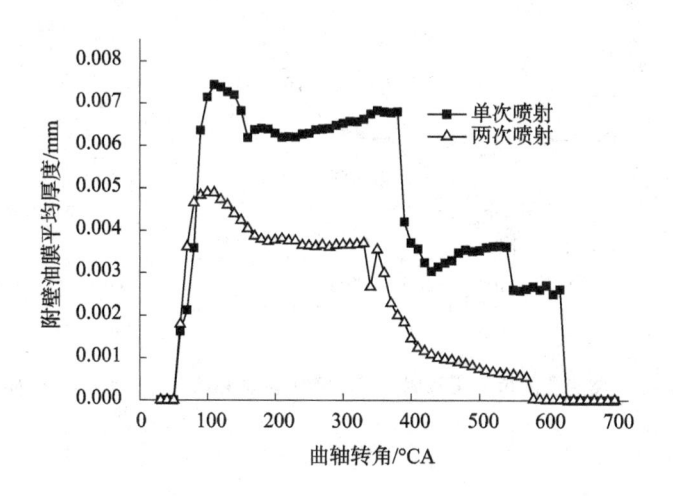

图6-6 单次喷射和两次喷射时附壁油膜厚度随曲轴转角的变化

当进气阀关闭后,单次喷射时附壁油膜挥发量保持不变,而采用两次喷射时附壁油膜还有一定的挥发量。主要原因是采用两次燃油喷射时,部分燃油会在燃烧室内部产生附壁油膜,此部分附壁油膜在进气阀关闭后仍然可以继续挥发,从而可以使进气阀关闭后附壁油膜仍然有小幅增加。

图 6-7 所示为燃油空间挥发量和附壁油膜挥发量之和随曲轴转角的变化曲线。由图可知,在点火时即 700°CA 时,单次喷射时燃油总体挥发量为 1.52mg,占所喷射燃油量的 57%;而采用两次喷射时燃油总体挥发量则为 1.85mg,占所喷射燃油量的 70%,比单次喷射时高 16%,这说明采用两次喷射时能够提高燃油挥发速率,减少附壁油膜量,从而减少以液态形式进入气缸的附壁油膜量。

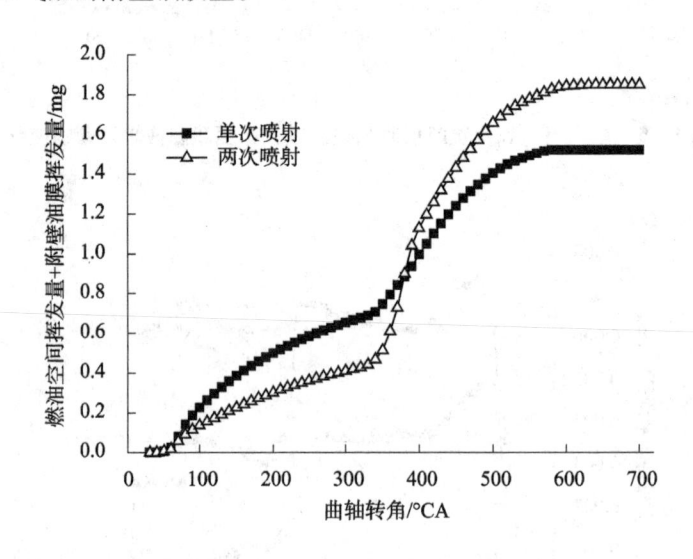

图 6-7 燃油空间挥发量和附壁油膜挥发量之和随曲轴转角的变化曲线

6.1.5 缸内混合气均匀性比较

当采用两次喷射模式时，会有部分燃油以液态形式进入气缸，可能对缸内混合气的均匀性产生影响，因此对单次喷射和两次喷射时缸内混合气的均匀性进行比较。

缸内混合气分布不均匀与缸内气体流动有很大的关系，因此，首先分析缸内气流随曲轴转角的运动规律。图 6-8 所示为与气缸轴线平行截面在不同曲轴转角下的速度矢量图。由图可知，在 540°CA 时，随着活塞的下移，缸内混合气受到进气阀以及气缸壁面的共同影响，在进气阀两侧初步

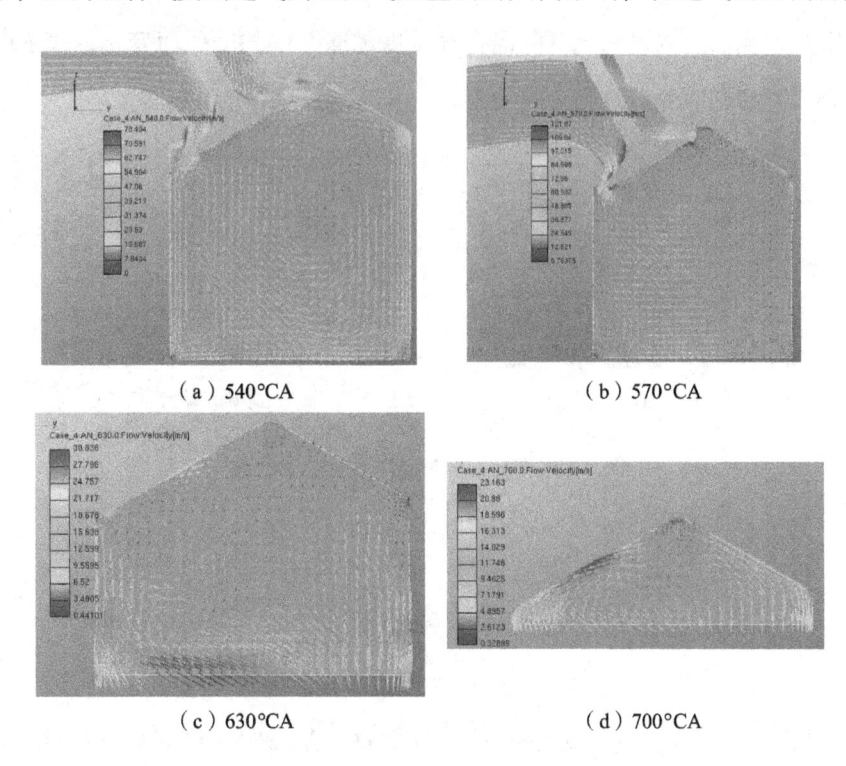

(a) 540°CA　　(b) 570°CA

(c) 630°CA　　(d) 700°CA

图 6-8　不同曲轴转角时缸内速度场

形成两个纵向旋涡；随着活塞的进一步下行，在570°CA时，此时进气阀接近关闭，进气阀左侧的涡团变小，右侧的涡团变大，但是速度值变小；在630°CA时，缸内气体流动再次变得紊乱，没有规律性；当活塞上行到700°CA时，由于活塞上行作用，气流受到挤压，气体从活塞顶部开始上行，受到燃烧室壁面的约束在中间碰撞，使得燃烧室中间的速度值降低。

图6-9所示为曲轴转角为700°CA时缸内燃油浓度分布。由图可知，采用单次喷射时混合气浓度较为均匀；而采用两次喷射时，浓度分布不均匀，缸内混合气存在分层现象。通过与图6-8（d）所示的速度场的对比可以看出，在气流碰撞处混合气浓度较大。采用两次喷射时进气冲程所喷射的燃油以液态形式进入气缸，需要在缸内凭借与流动空气相互作用而实现混合，从而造成进入气缸的混合气浓度随着时间的变化而变化，较浓的混合气能够到达的区域混合气就偏浓，从而造成混合气分层现象。

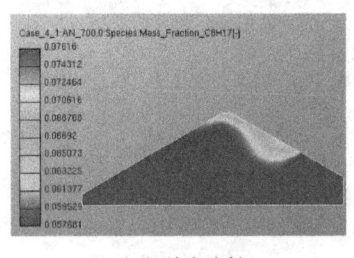

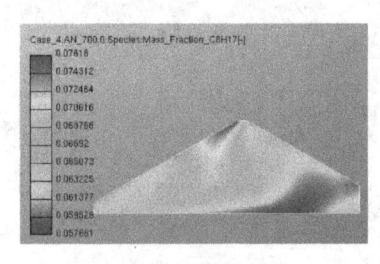

（a）单次喷射　　　　　　　　（b）两次喷射

图6-9　700°CA时缸内燃油浓度分布

6.1.6　喷油比例对燃油挥发速率的影响

采用固定喷油时刻、改变喷油脉宽比例的方法，研究两次喷油比例对燃油挥发过程的影响。其中第一次喷油时刻为40°CA，第二次喷时刻为320°CA。

第6章 两次燃油喷射对燃油挥发速率影响的计算分析

1. 不同喷油比例对燃油空间挥发量的影响

图 6-10 所示为不同喷油比例时燃油空间挥发量的比较图。由图可知,当喷油比例为 3∶1 时燃油空间挥发量为 0.20mg,当喷油比例为 1∶1 时燃油空间挥发量为 0.30mg。

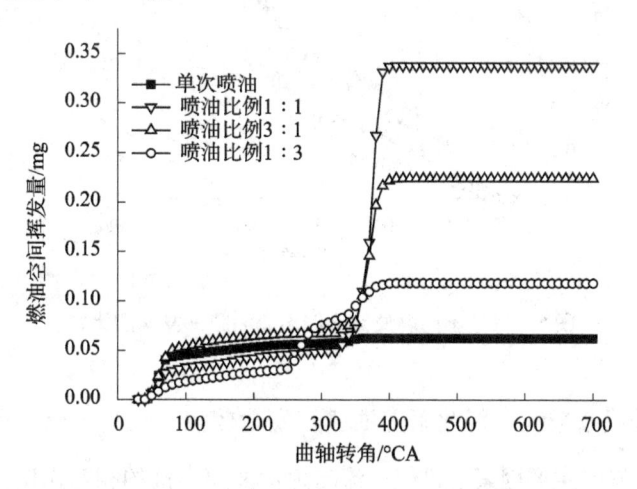

图 6-10 不同喷油比例时燃油空间挥发量的比较

由此可知,膨胀冲程喷射的燃油越多,燃油空间挥发量越少。分析认为,当膨胀冲程喷射燃油较多时,燃油多以进气道附壁油膜的形式存在,因此燃油空间挥发量较少。

2. 不同喷油比例对附壁油膜挥发量的影响

图 6-11 所示为不同喷油比例时附壁油膜挥发量的比较。由图可知,与燃油空间挥发不同,在进气阀开启之前,单次喷油时燃油挥发速率较大,点火时喷油比例为 1∶1,此时附壁油膜挥发量最大,为 1.50mg,喷油比例为 1∶3 时附壁油膜挥发量最小,只有 1.35mg。

分析认为,在进气阀开启之前,附壁油膜挥发主要靠从壁面吸热完成,由于单次喷射时燃油在进气阀开启之前已全部到达壁面形成附壁油

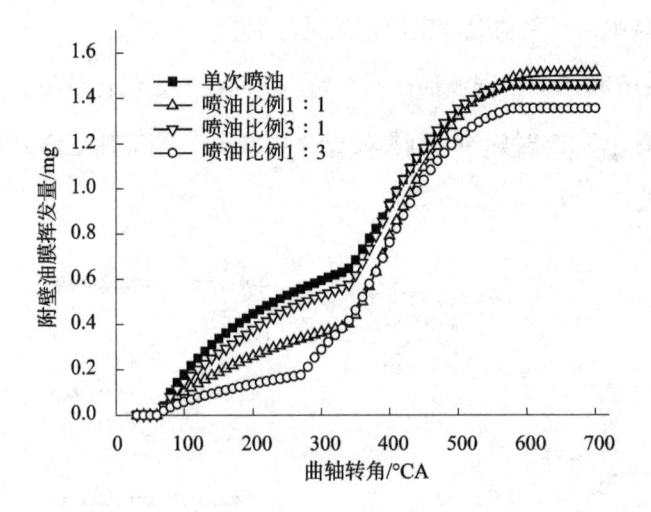

图 6-11 不同喷油比例时附壁油膜挥发量的比较

膜，附壁油膜量较大，因此附壁油膜挥发量较大。当进气阀开启后，影响附壁油膜挥发的主要因素为进气气流与附壁油膜直接的相互作用，当进气冲程所喷射燃油较多时，附壁油膜挥发时间相应变短，使得附壁油膜挥发量较少；而当进气冲程所喷射燃油量较少时，能够借助进气流动的燃油较少，也不利于附壁油膜挥发，因此当喷油比例为 1∶1 时附壁油膜挥发量最大。

3. 不同喷油比例对燃油挥发速率的影响

图 6-12 所示为不同喷油比例时燃油空间挥发量与附壁油膜挥发量之和随曲轴转角的变化图。由图可知，喷油比例为 1∶1 时燃油空间挥发量与附壁油膜挥发量的和为 1.85mg，约占总喷油量的 70%；喷油比例为 3∶1 时燃油空间挥发量与附壁油膜挥发量的和为 1.68mg，约占总喷油量的 64%；单次喷油时的挥发总量只有 1.52mg，约占总喷油量的 57%；喷油比例为 1∶3 时的挥发总量只有 1.47mg，不足总喷油量的 55%。这表明采用两次喷射能够提高燃油挥发量，但是进气冲程所喷射燃油的比例不宜过大。

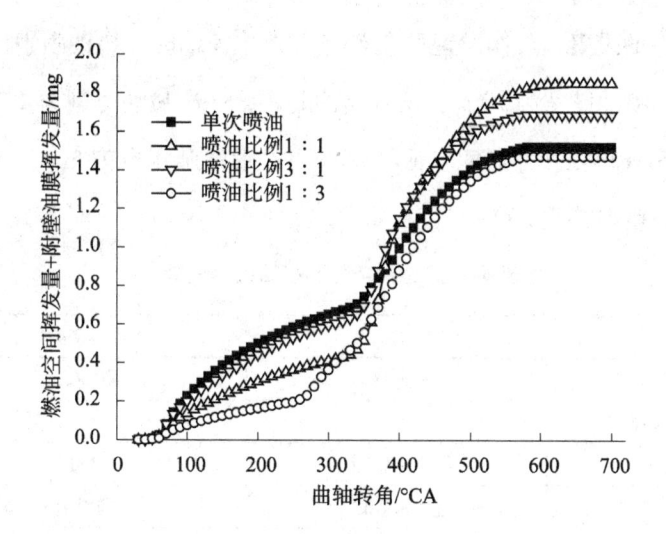

图 6-12 不同喷油比例时燃油空间挥发量与附壁油膜挥发量之和随曲轴转角的变化

6.2 高速大负荷工况下两次喷油与单次喷油的比较

6.2.1 初始条件和边界条件的设置

上述分析为怠速暖机时的情况，当发动机处于高速、大节气门开度时，此时两次燃油喷射对燃油挥发速率影响的规律还需要进一步研究。因此在 5000r/min、节气门全开时，对两次燃油喷射和单次燃油喷射进行对比研究。

为模拟发动机工况，在发动机台架上测量温度和压力，完成边界条件和初始条件的设置,具体设置见表6-1。单次喷油时,燃油喷射时刻仍然为40°CA,喷油脉宽为10ms;两次喷油时,第一次喷油时刻为40°CA,喷油脉宽为5ms,第二次喷油时刻为320°CA,喷油脉宽也为5ms,为便于对比进气道温度保持在20℃。

表6-1 边界条件和初始条件设置

项目		指标
边界条件	进气道壁面	150℃
	进气阀	200℃
	燃烧室壁面	200℃
初始条件	进气道入口	质量流量
	进气道内气体	温度20℃、压力100kPa
	燃烧室内部气体	温度1000℃、压力100kPa

6.2.2 燃油空间挥发量的比较

图6-13所示为单次喷射与两次喷射时燃油空间挥发量的比较图。由图可见,与怠速暖机工况相同,如果是单次喷射,在喷射开始的初始阶段燃油空间挥发量增长缓慢,当进气阀打开时,燃油空间挥发量迅速增加,当到达总燃油喷射量的6%左右时,燃油空间挥发量不再增加;当燃油分两次喷射时,在进气阀开启之前第一次喷射燃油的空间挥发速率与单次喷射一致;当第二次喷射的燃油到达进气阀附近时,燃油的空间挥发量迅速增加,燃油喷射量的50%左右能够实现空间挥发。

第6章　两次燃油喷射对燃油挥发速率影响的计算分析

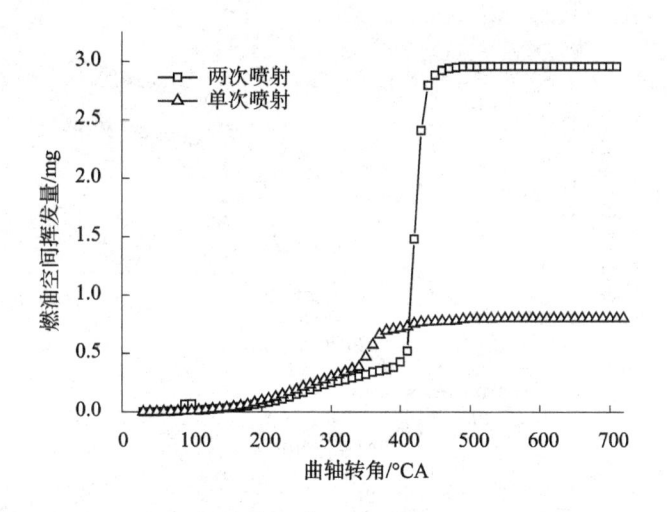

图 6-13　不同喷射方式燃油空间挥发量比较

在点火时，采用两次燃油喷射燃油空间挥发量可达到 2.90mg，而采用单次喷射时燃油空间挥发量只有 0.80mg。其主要原因是，采用两次喷射时第二次燃油喷射在进气过程中进行，此时进气道内部流速较高，使得燃油与气流的运动较剧烈，能够加速燃油的挥发。因此，进气阀开启状态下喷射燃油的空间挥发量大于进气阀关闭状态下喷射时的燃油空间挥发量。

6.2.3　附壁油膜挥发性能的比较

图 6-14 所示为不同喷射方式时附壁油膜挥发量的比较图。由图可知，附壁油膜的挥发过程同样可分为进气阀开启之前、进气阀开启及进气阀关闭之后三个阶段。在进气阀开启之前，如图 6-15 所示，尽管单次喷射附壁油膜量是两次喷射时的两倍，但是附壁油膜的挥发量远不到两次喷射时的两倍。

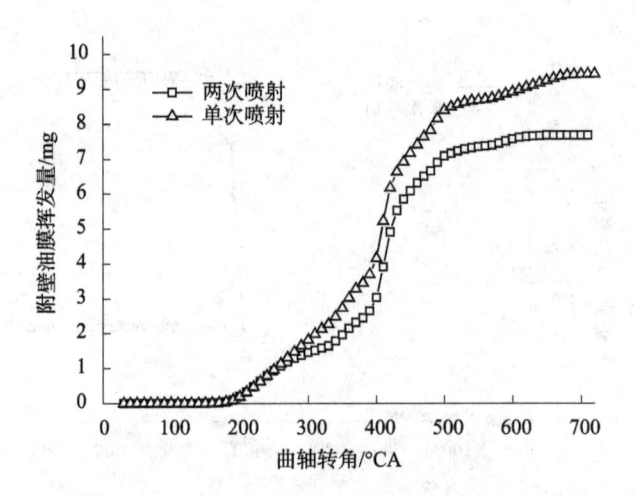

图 6-14 不同喷射方式时附壁油膜挥发量比较

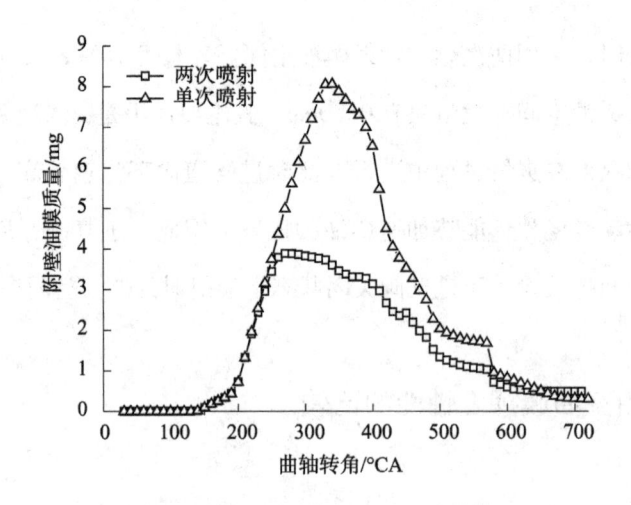

图 6-15 不同喷射方式时附壁油膜质量的比较

图 6-16 所示为不同喷射方式时附壁油膜分布面积随曲轴转角变化曲线。由图可见，在进气阀打开前，单次喷油时附壁油膜量大，但其附壁油膜分布面积与两次喷油相差不大，造成其附壁油膜的厚度较大，而附壁油

第 6 章 两次燃油喷射对燃油挥发速率影响的计算分析

膜的挥发主要取决于附壁油膜的厚度与分布面积，厚度越小、分布面积越大，附壁油膜的挥发性越好。因此单次喷射时附壁油膜量虽多但是挥发量却没有大幅度增加。

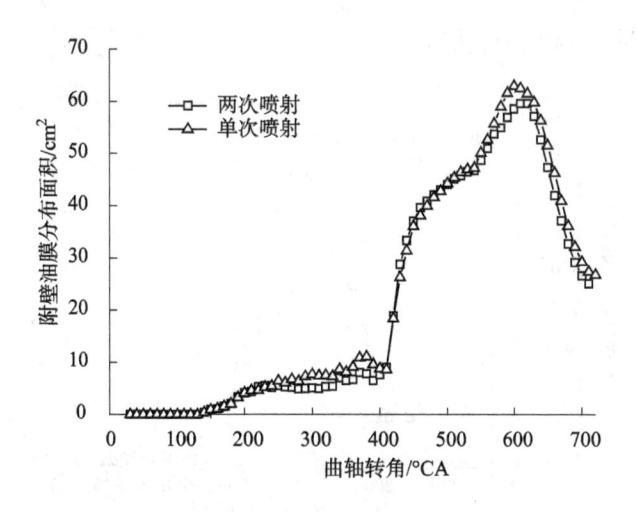

图 6-16 附壁油膜分布面积随曲轴转角变化曲线

进气阀开启后，约在 400°CA 时单次和两次喷射时附壁油膜量都快速增加，直到附壁油膜挥发量基本不变。分析认为，当进气阀开启时，由于进气流动的作用部分燃油进入缸内，使得附壁油膜的分布面积迅速增加。图 6-17 所示为不同喷射方式时附壁油膜厚度随曲轴转角变化曲线，可知，400°CA 时附壁油膜厚度迅速减小，从而使附壁油膜的挥发速率加快，附壁油膜挥发量明显增加；当附壁油膜挥发到一定程度时，处于高温区域的燃油已基本挥发完毕，此时所剩下的燃油主要处于温度较低的区域，挥发较慢。

图 6-18 所示为燃油空间挥发量和附壁油膜挥发量之和随曲轴转角的变化曲线。由图中可知，在点火时即 700°CA 时，单次喷射时的值为总喷

油量的88%，而采用两次喷射时则为92%。与单次喷射相比，采用两次燃油喷射技术时燃油总体挥发量只有4%的提升。这说明当发动机工作于高速大负荷时，单次喷射与两次喷射已经无明显区别，即在高速大负荷时两次燃油喷射技术无明显优势。

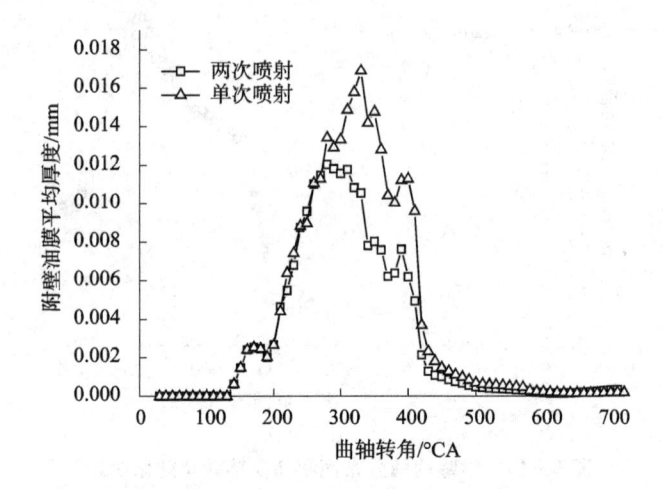

图6-17　附壁油膜厚度随曲轴转角变化曲线

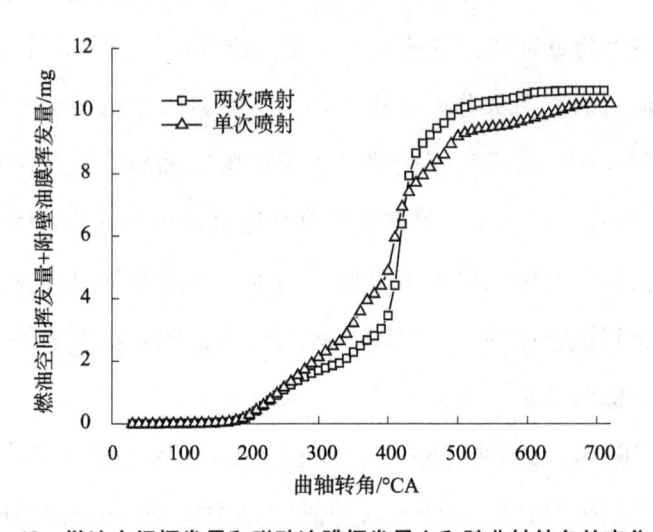

图6-18　燃油空间挥发量和附壁油膜挥发量之和随曲轴转角的变化曲线

第6章 两次燃油喷射对燃油挥发速率影响的计算分析

6.2.4 喷油比例对燃油挥发速率的影响

1. 燃油空间挥发量的比较

图 6-19 所示为不同喷油比例时燃油空间挥发量的比较图。由图可知，当喷油比例为 3∶1 时，燃油空间挥发量为 1.84mg；当喷油比例为 1∶1 时，燃油空间挥发量为 2.95mg；当喷油比例为 1∶3 时，燃油空间挥发量为 3.27mg。即进气冲程喷射的燃油量越多，空间挥发的油量也就越多，但是空间挥发量的增加与喷射量并不成比例。主要原因是燃油油束受到进气道结构的限制，燃油在运动过程中会碰到进气道壁或者进气阀，甚至是燃烧室壁面，从而产生附壁油膜突然增加的现象。由图 6-20 所示的不同喷油比例时附壁油膜质量的比较可知，喷油比例为 1∶3 和喷油比例为 1∶1 时在 440°CA 都出现了附壁油膜突然增加的现象，且分别在 450°CA 及 470°CA 达到极值并开始下降，其附壁油膜厚度及喷雾图像如图 6-21、图 6-22

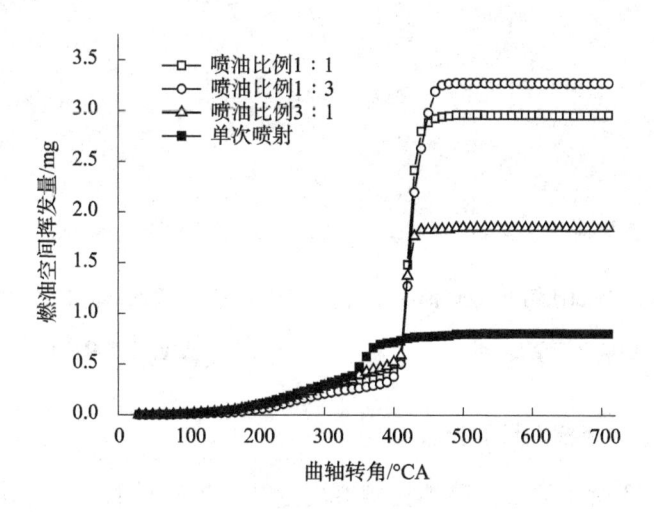

图 6-19 不同喷油比例时燃油空间挥发量比较

所示。由图 6-21 和图 6-22 可见，喷油比例为 1∶3 时附壁油膜堆积现象比较严重，而喷油比例为 3∶1 时则没有出现。因此，进气冲程喷射燃油时空间挥发量随喷射量的增加而增加，但是所占燃油喷射量的比例逐渐下降。

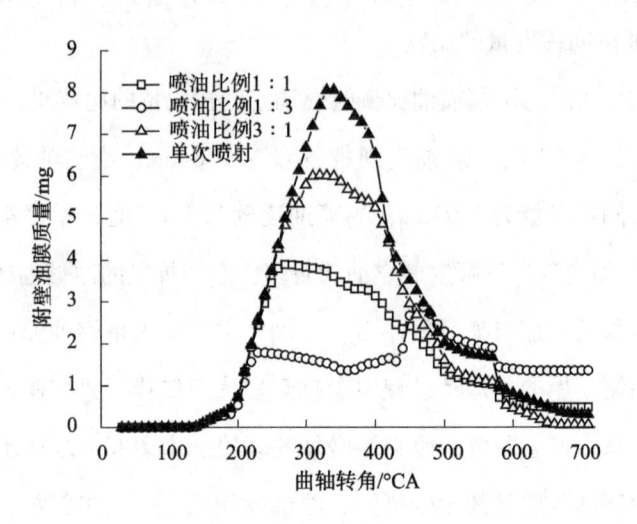

图 6-20　不同喷油比例时附壁油膜质量比较

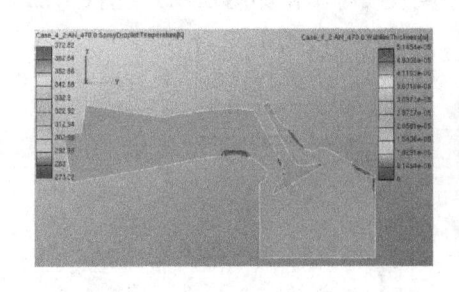

图 6-21　喷油比例 1∶3 时油膜厚度及喷雾图像

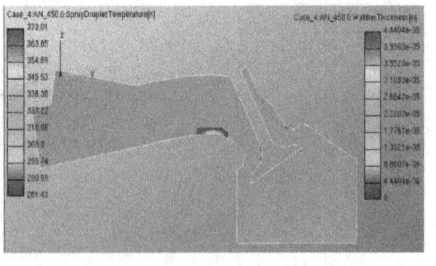

图 6-22　喷油比例 1∶1 时油膜厚度及喷雾图像

2. 附壁油膜挥发量的比较

图 6-23 所示为不同喷油比例时附壁油膜挥发量的比较。由图可知，与燃油空间挥发量不同，膨胀冲程燃油所占的比例越高，则附壁油膜挥发

第6章 两次燃油喷射对燃油挥发速率影响的计算分析

量越大。由图6-24所示的采用一维计算得到的进气道内部气流速度随曲轴转角的变化可知，400°CA时进气流速开始增大到20m/s，这样的高速气流运动能够加速附壁油膜的挥发，从而能够使燃油挥发速率增大。附壁油膜的挥发量与挥发速率及总的附壁油膜量有关，当进气冲程所占燃油比例较大时，绝大部分燃油会以附壁油膜的形式存在，从而使得附壁油膜的量较大，在挥发速率相差不大的情况下，附壁油膜总量大就会使得附壁油膜挥发量较大。

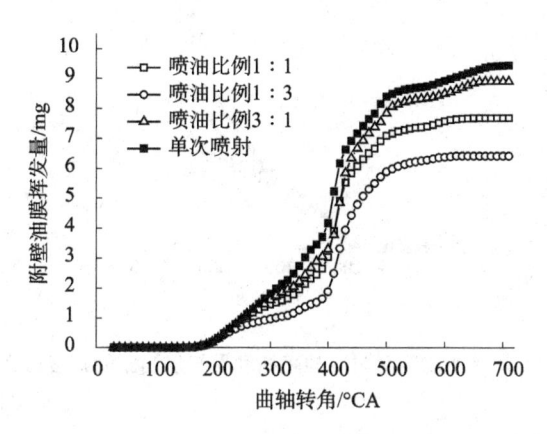

图6-23 不同喷油比例时附壁油膜挥发量的比较

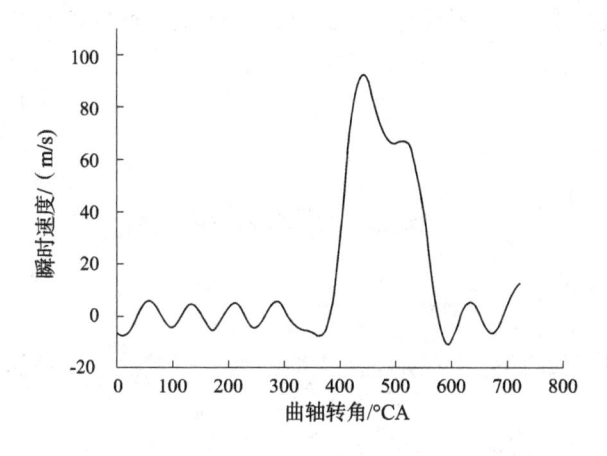

图6-24 进气道内部气流速度随曲轴转角的变化

3. 空间挥发油量与附壁油膜挥发之和的比较

图 6-25 所示为不同喷油比例时附壁油膜挥发量与燃油空间挥发量之和的比较。由图可知，喷油比例为 3∶1 时燃油空间挥发量与附壁油膜挥发量之和最大，而喷油比例为 1∶3 时最小，甚至小于单次喷射。

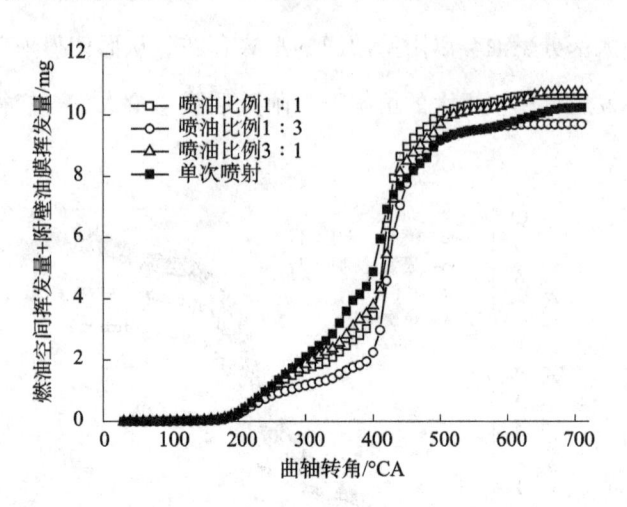

图 6-25 不同喷油比例时附壁油膜挥发量与燃油空间挥发量之和的比较

这说明，采用两次喷射技术时，进气冲程喷油量不宜过多，否则由于喷油时间过长，无法利用高速气流运动，而降低进气气流与燃油之间的作用，降低燃油挥发速率。

6.3 本章小结

通过数值计算的方法研究了两次燃油喷射对燃油挥发的影响，得到以下结论：

1）研究结果表明，将所需燃油分两次喷射时，在进气阀关闭时所喷射的燃油量较单次喷射明显减少,从而使得附壁油膜厚度减小,同时延长了附壁油膜挥发时间;进气阀开启时所喷射的燃油能够与进气气流相互作用,增加附壁油膜的分布面积,并且可以将一部分燃油直接带入气缸,从而提高燃油挥发速率。

2)采用两次燃油喷射技术能够有效利用进气流动,减少进气道附壁油膜量,但是带来的后果是在点火时燃烧室内混合气浓度不均匀。

3)对于急速暖机工况,膨胀冲程和进气冲程比例保持在1:1时,燃油挥发速率最大,膨胀冲程或者进气冲程占得总喷油量的比例较大时都不利于燃油挥发速率的提高。

4)对于高速大负荷工况,当进气冲程喷射燃油较多时,燃油空间挥发量较大,但是所占燃油喷射量的比例是下降的。当膨胀冲程所占燃油比例较大时,绝大部分燃油会以附壁油膜的形式存在,从而使得附壁油膜的量较大,在挥发速率相差不大的情况下,附壁油膜总量大则挥发量也较大。通过燃油空间挥发量与附壁油膜挥发量之和的比较可知,采用两次喷油时膨胀冲程占较大比例、进气冲程占较少比例更有利于减少附壁油膜的现象。

5)通过急速工况和高速大负荷工况的对比可知,急速工况时两次燃油喷射对燃油挥发速率的提高比较明显;当处于高速大负荷时,由于此时机体温度高、进气流速大,使得两次喷油的优势变得不明显。

第7章　两次燃油喷射方式的试验研究

由前几章的分析可知，采用两次燃油喷射能够有效减少附壁油膜循环剥落现象，因此本章通过台架试验对两次燃油喷射进行进一步研究，以验证数值分析结果的正确性，并对影响两次燃油喷射效果的因素进行了分析，为实际采用两次燃油喷射技术改善发动机性能提供依据。

7.1　膨胀冲程喷油时刻对发动机性能的影响

图 7-1 和图 7-2 所示为发动机转速为 4000r/min、20% 节气门开度下膨胀冲程喷油时刻改变时，发动机功率、空燃比及 HC 排放的变化图，其中火花塞垫片温度保持在 135℃。由图 7-1 和图 7-2 可知，当膨胀冲程喷油时刻推迟到 150°CA 时，发动机功率由 1.96kW 降低到 1.92kW，空燃比由 14.4 升高到 14.7，HC 排放从 764×10^{-6} 上升到 843×10^{-6}。随着喷油时刻的不断推迟，发动机的功率下降、混合气浓度变稀、HC 排放升高，但是发动机功率变化较小。

第7章 两次燃油喷射方式的试验研究

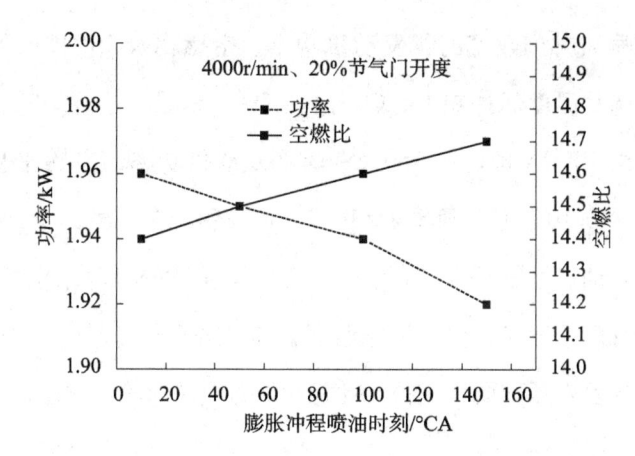

图7-1 功率和空燃比随膨胀冲程喷油时刻的变化曲线

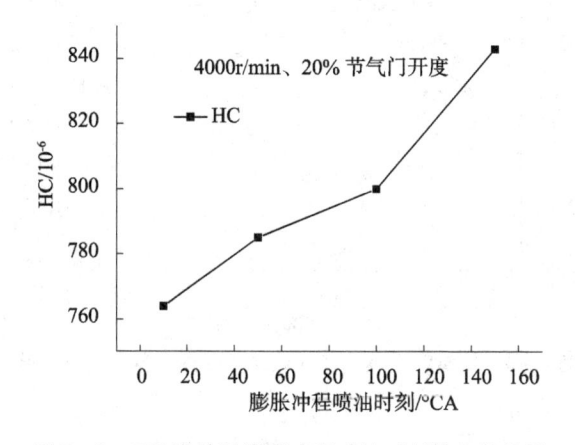

图7-2 HC排放随膨胀冲程喷油时刻的变化曲线

由前几章的分析可知，如果所喷射的燃油在进气阀开启之前已经全部到达壁面，当改变膨胀冲程喷油时刻时，只是改变燃油从壁面吸热挥发的时间。由于单纯从壁面吸热挥发的燃油非常有限，因此改变膨胀冲程喷油时刻引起发动机功率以及空燃比的变化较小。这同时也验证了计算分析的正确性。

图7-3和图7-4所示为发动机转速为4000r/min、100%节气门开度

下膨胀冲程喷油时刻改变时，发动机功率、空燃比及 HC 排放的变化图，其中火花塞垫片温度保持在 155℃。由图 7-3 和图 7-4 可知，当膨胀冲程喷油时刻由 10°CA 推迟到 150°CA 时，发动机功率、空燃比基本不变，HC 排放从 862×10^{-6} 上升到 894×10^{-6}。这表明，在节气门全开时喷油时刻的改变对发动机性能基本没有影响。这与第 4 章的计算结果相吻合，即当处于大节气门开度时，由于机体温度较高、进气气流较高，喷油时刻影响附壁油膜挥发效果减弱，使得发动机性能对喷油时刻不敏感。

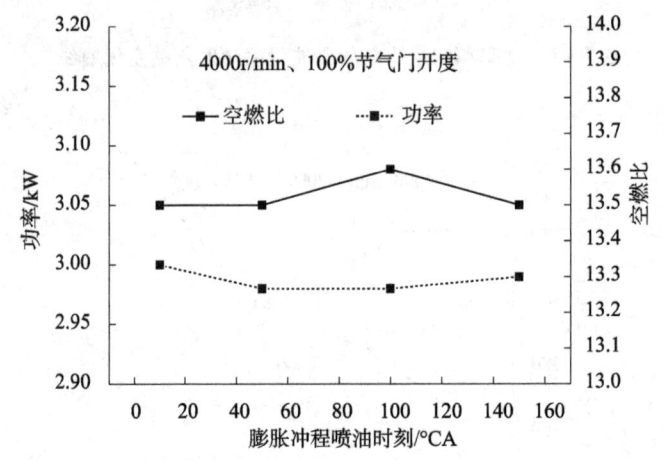

图 7-3 功率和空燃比随膨胀冲程喷油时刻的变化曲线

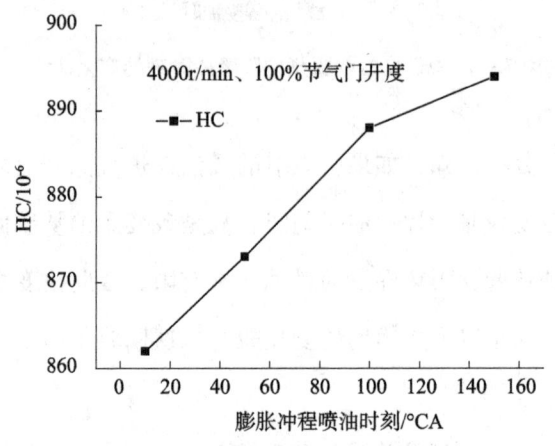

图 7-4 HC 排放随膨胀冲程喷油时刻的变化曲线

7.2 进气冲程喷油时刻对发动机性能的影响

图 7-5 和图 7-6 所示为发动机转速为 4000r/min、节气门开度为 20%，改变进气冲程喷油时刻时发动机功率、空燃比及 HC 排放的变化图，其中火花塞垫片温度保持在 137℃。由图可知，当进气冲程喷油时刻由 320°CA 推迟到 400°CA 时，发动机功率下降 0.2kW，空燃比由 14.4 升高到 15.3，HC 排放值由 860×10^{-6} 升高到 890×10^{-6}。即进气冲程喷油时刻推迟会使发动机性能下降。

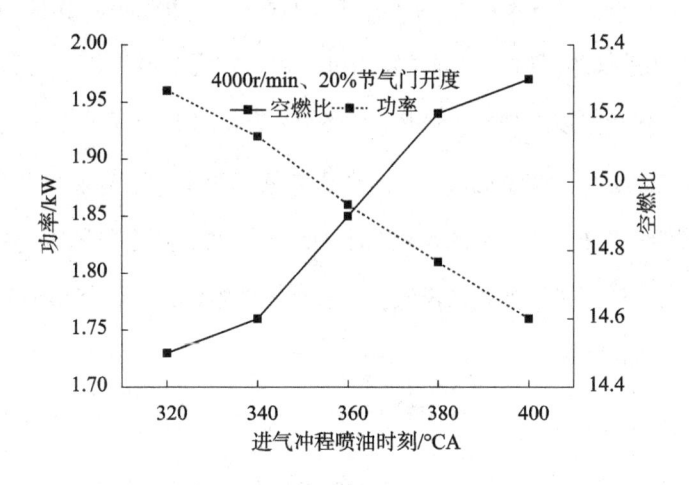

图 7-5 功率和空燃比随进气冲程喷油时刻的变化曲线

由第 5 章的分析可知，当进气冲程喷油时刻推迟时，将会有更多的燃油在进气阀关闭后在进气道堆积，从而使得进入缸内的燃油减少，附壁油膜循环剥落现象严重，使发动机排放恶化。

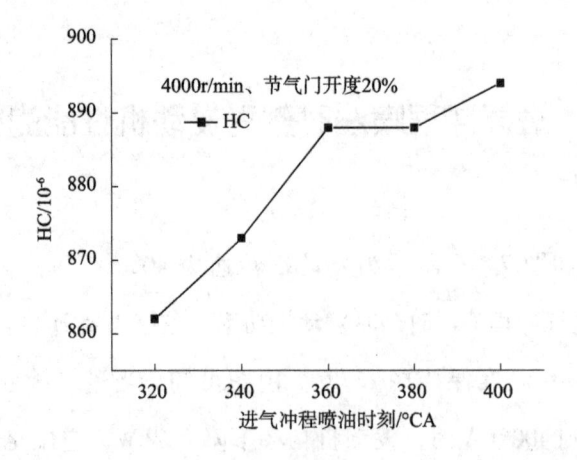

图7-6 HC排放随进气冲程喷油时刻的变化曲线

图7-7和图7-8所示为发动机转速为4000r/min、节气门开度为100%，改变进气冲程喷油时刻时发动机功率、空燃比及HC排放的变化图，其中火花塞垫片温度保持在158℃。由图7-7和图7-8可知，改变进气冲程喷油时刻时功率、空燃比及HC排放基本没有变化，这与第5章当处于大节气门开度时喷油时刻引起的差距变小的结论一致。其主要原因仍然在于大节气门开度下较高机体温度及进气流速使得燃油整体挥发性能得到改善。

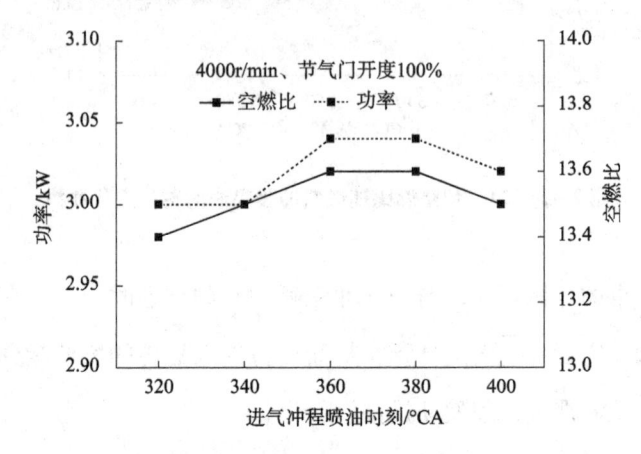

图7-7 功率和空燃比随进气冲程喷油时刻的变化曲线

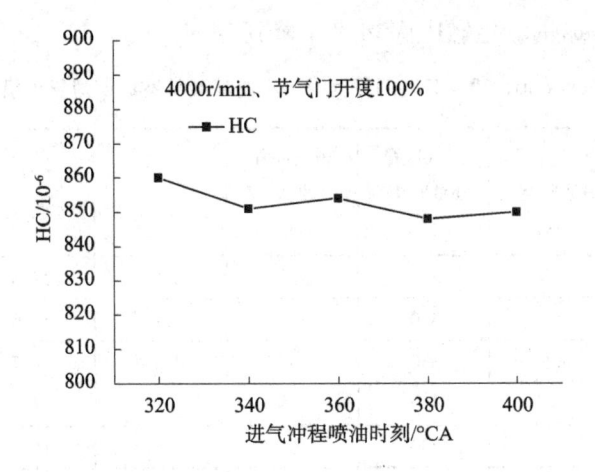

第 7 章　两次燃油喷射方式的试验研究

图 7 - 8　HC 排放随进气冲程喷油时刻的变化曲线

7.3　喷油比例对发动机性能的影响

为考察喷油比例对发动机性能的影响，需要调整两次喷油的喷油脉宽，但是由于喷嘴存在开启和关闭延迟，在油量调节时并不能简单地按照脉宽的比例来调节，调整过程中根据对喷嘴的标定，保证总体喷油量保持不变。

转速为 5000r/min、20% 节气门开度时，不同喷油脉宽比例时发动机性能参数对比见表 7 - 1。由表 7 - 1 可知，当喷油比例发生变化时，发动机功率、空燃比基本不发生变化。当膨胀冲程喷油脉宽和进气冲程喷油脉宽分别为 5ms 及 3.6ms 时，发动机功率为 1.93kW，而当膨胀冲程喷油脉宽和进气冲程喷油脉宽分别为 3.6ms 及 5ms 时发动机功率则为 1.94kW，基本保持不变，但是空燃比由 14.7 下降到 14.5。当膨胀冲程喷油脉宽由

6ms 变为 2.6ms 时，空燃比从 14.8 下降到 14.4。

表 7-1　5000r/min、20% 节气门开度时，不同喷油脉宽比例对发动机参数的影响

膨胀冲程喷油时刻/°CA	膨胀冲程喷油脉宽/ms	进气冲程喷油时刻/°CA	进气冲程喷油脉宽/ms	功率/kW	转矩/(N·m)	空燃比
10	4.3	330	4.3	1.91	14.8	14.6
10	5	330	3.6	1.93	14.6	14.7
10	3.6	330	5	1.94	14.7	14.5
10	6	330	2.6	1.91	14.5	14.8
10	2.6	330	6	1.95	14.7	14.4

转速为 5000r/min、100% 节气门开度时，膨胀冲程喷油脉宽较大时空燃比也较大，见表 7-2。

表 7-2　5000r/min、100% 节气门开度时，不同喷油脉宽比例对发动机参数的影响

膨胀冲程喷油时刻/°CA	膨胀冲程喷油脉宽/ms	进气冲程喷油时刻/°CA	进气冲程喷油脉宽/ms	功率/kW	转矩/(N·m)	空燃比
10	5.5	330	5.5	3.49	21.2	13.9
10	6	330	5	3.48	21.3	14.1
10	5	330	6	3.47	21.1	13.9
10	7	330	4	3.49	21.1	13.9
10	4	330	7	3.42	20.9	14.2
10	3	330	8	3.4	20.6	14.3
10	8	330	3	3.5	21.1	13.9

以上数据表明，当膨胀冲程所占的比例较大时，空燃比值较低，即混合气浓度较大；反之，当进气冲程所占比例较大时，混合气浓度较小。这与第 5 章数值分析的结论一致，即膨胀冲程所占比例较大时发动机混合气浓度较大。

7.4 两次喷油对发动机性能改善的试验研究

7.4.1 两次喷油与单次喷油的比较

由表 7-3 可知,当节气门开度为 40%、保持火花塞垫片温度为 150℃、采用单次喷油时,发动机功率只有 2.44kW,空燃比为 15.1,而采用两次喷油方式时,发动机功率可达 2.55kW,空燃比下降到 14.2;而当节气门开度为 100%、采用不同喷油方式时,发动机功率从 2.99kW 升高到 3.05kW,空燃比从 13.7 下降到 13.2。

表 7-3 4500r/min 时不同节气门开度下喷油方式的对比

节气门开度(%)	膨胀冲程喷油时刻/°CA	膨胀冲程喷油脉宽(ms)/喷油量(mL)	进气冲程喷油时刻/°CA	进气冲程喷油脉宽(ms)/喷油量(mL)	功率/kW	转矩/(N·m)	空燃比	缸头温度/℃
40	10	7.2/0.0101	0	0	2.44	16.5	15.1	151
	10	4.15/0.0050	10	4.15/0.0050	2.55	17.1	14.2	150
100	10	8.7/0.0126	0	0	2.99	20.2	13.7	153
	10	4.9/0.0063	10	4.9/0.0063	3.05	20.2	13.2	153

以上数据表明,采用两次燃油喷射方式能够改善附壁油膜循环剥落现象,从而改善发动机性能。由第 2 章的分析可知,节气门开度较大时附壁油膜循环剥落现象的程度较差,因此当节气门开度较大时,两次喷油对发动机性能的改善效果小于小节气门开度时。

7.4.2 单次喷油改变喷油时刻对发动机性能影响的研究

采用两次燃油喷射时,需要考虑两次喷油之间的时间间隔,即膨胀冲程喷油时刻与进气冲程喷油时刻必须有一定的时间间隔,由于喷嘴关闭及开启都有一定的延迟,在高速大功率工况时,如果间隔时间太短,则会出现喷嘴未关闭的现象,导致实际的喷油量比预计的喷油量多。

如果采用小流量喷嘴及控制喷油时刻实现所喷射燃油同时满足闭阀喷射和开阀喷射两种模式,如图 7-9 所示,而参考文献 [80] 认为这是一般汽油机所采用的喷射方式。为考察此种喷油方式对发动机性能的影响,与单次喷油进行对比。

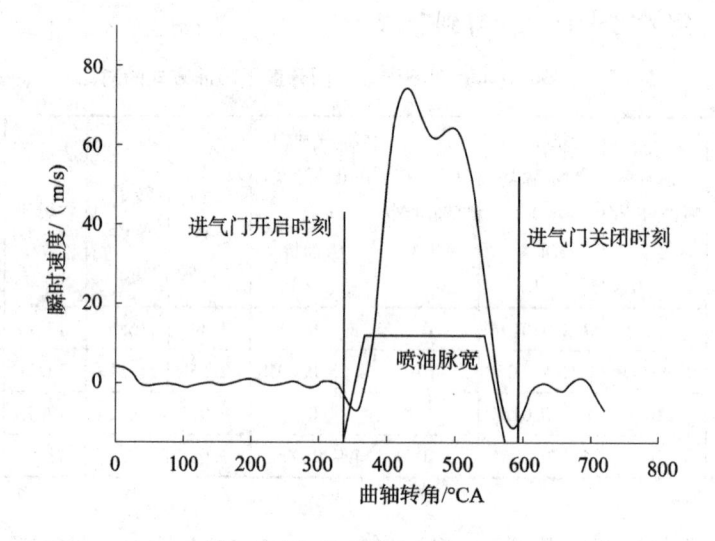

图 7-9 单次喷油实现两种喷射模式示意图

由表 7-4 可知,当节气门开度为 40%、保持火花塞垫片温度为 150℃、采用单次喷油时,发动机功率只有 2.44kW,空燃比为 15.1,而当采用进气冲程实现开闭阀两种模式时功率可达 2.51kW，空燃比下降到 14.6；而当节气门开度为 100% 时，发动机功率从 2.99kW 升高到 3.02kW，空燃比从 13.7 降至 13.5。

表 7-4　4500r/min 时不同节气门开度下喷油方式的对比

节气门开度（%）	膨胀冲程喷油时刻/°CA	膨胀冲程喷油脉宽（ms）/喷油量（mL）	进气冲程喷油时刻/°CA	进气冲程喷油脉宽（ms）/喷油量（mL）	功率/kW	转矩/(N·m)	空燃比	缸头温度/℃
40	0	0	200	7.2/0.0101	2.51	17	14.6	151
	10	7.2/0.0101	0	0	2.44	16.5	15.1	151
100	0	0	200	8.7/0.0126	3.02	20.3	13.5	152
	10	8.7/0.0126	0	0	2.99	20.2	13.7	153

可见，单次喷射时如果能够使所喷射的燃油一部分为闭阀模式，一部分为开阀模式，也能够改善附壁油膜循环剥落现象，但是效果没有采用两次喷射明显。

7.4.3　喷嘴流量系数对两次喷油策略的影响

喷嘴型号不同，流量特性也不相同，图 7-10 所示为不同型号喷嘴的流量特性曲线图。由图可知，在 5ms 时不同喷嘴的流量相差 0.001mL。如前所述当所采用的喷嘴流量系数较小时，可以采用单次喷油而使燃油实现两种喷射模式。

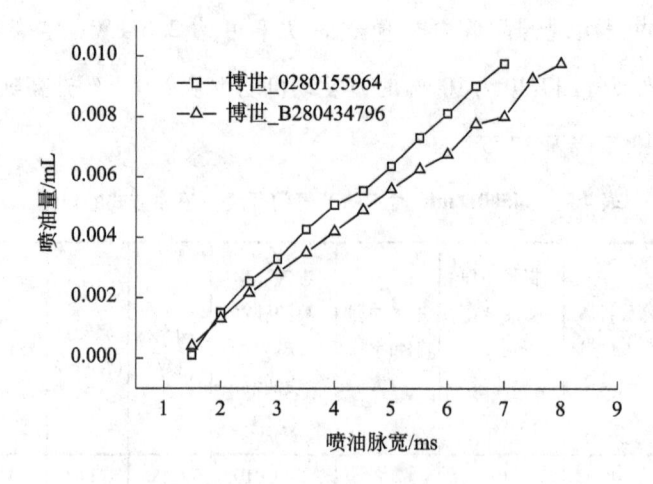

图7-10 喷嘴流量特性对比

表7-5和表7-6为采用流量系数较小的喷嘴时，不同喷油策略下发动机性能参数的对比。当节气门开度较小时，发动机性能参数的改变与前文的分析一致，但是在100%节气门开度时，发动机性能参数基本不随喷油策略的变化而改变。

表7-5 40%节气门开度发动机性能比较

发动机转速/ (r/min)	膨胀冲程 喷油时刻/ °CA	膨胀冲程 喷油脉宽/ ms	进气冲程 喷油时刻/ °CA	进气冲程 喷油脉宽	功率/ kW	转矩/ (N·m)	空燃比
4000	10	7.5	330	0	1.66	12.6	14.6
	10	0	330	7.5	1.74	13.1	14.1
5000	10	6.8	330	0	0.63	3.8	14.7
	10	0	330	6.8	0.96	5.8	14.1
6000	10	6.5	330	0	0.16	0.7	14.5
	10	0	330	6.5	0.44	2.2	14

表 7-6 100%节气门开度发动机性能比较

发动机转速/ (r/min)	膨胀冲程 喷油时刻/ °CA	膨胀冲程 喷油脉宽/ ms	进气冲程 喷油时刻/ °CA	进气冲程 喷油脉宽/ ms	功率/ kW	转矩/ (N·m)	空燃比
4000	10	11	330	0	2.87	21.9	13.4
	100	0	10	11	2.87	21.7	13.5
5000	10	10.5	330	0	3.42	20.7	13.6
	100	0	10	10.5	3.45	21	13.5
6000	10	12	10	0	4.45	21.5	13.5
	10	0	10	12	4.46	21.6	13.6

在100%节气门开度时，喷油脉宽较大，以4000r/min时为例，此时的喷油脉宽为11ms，如果考虑喷油的关闭时间（大约为0.8ms），喷油结束时刻为膨胀上止点后280°CA，即所喷射的燃油在到达壁面之前进气阀已经开启，此时所喷射的燃油已经历了开、闭阀两种喷射模式，这与进气冲程喷射的效果基本相同。

7.4.4 缸头温度对两次喷油控制策略的影响

由第2章的分析可知，缸头温度是影响燃油挥发的一个重要因素。为考察缸头温度对两次喷油控制策略的影响，本节考察缸头温度对燃油喷射控制策略的影响。

表7-7为发动机转速为4500r/min时缸头温度对单次喷油与两次喷油时发动机动力性参数及空燃比的影响。由表可知，采用闭阀单次喷油时，与火花塞垫片温度为152℃相比，当火花塞垫片温度升高后，发动机功率升高到2.48kW，空燃比下降为14.6。而采用两次燃油喷射时，空燃比由

14.2 降低到 13.9。表明发动机机体温度升高后,在相同循环喷油量下,发动机混合气浓度变大。

表 7-7 4500r/min 时缸头温度对两次喷控制策略的影响

火花垫片温度/℃	节气门开度(%)	膨胀冲程喷油时刻/°CA	膨胀冲程喷油脉宽(ms)/喷油量(mL)	进气冲程喷油时刻/°CA	进气冲程喷油脉宽(ms)/喷油量(mL)	功率/kW	转矩/(N·m)	空燃比
167	40	10	7.2/0.0101	0	0	2.48	16.7	14.6
170	40	10	4.15/0.0050	10	4.15/0.0050	2.53	16.9	13.9
171	40	0	0	10	7.2/0.0101	2.5	16.9	14.3
173	100	10	8.7	100	0	3.03	20.4	13.5
174	100	100	0	10	8.7	3.05	20.5	13.5
175	100	10	4.9	10	4.9	3.05	20.5	13.4

当处于节气门全开状态时,发动机动力性能基本不变,空燃比也基本不变。这说明当发动机机体温度升高后,两次喷油的优势已经不明显,即较高机体温度已经能够满足燃油挥发的要求,两次喷油与单次喷油差距变小。

7.4.5 喷雾锥角对两次喷油控制策略的影响

喷嘴除单孔喷嘴外,还有双孔喷嘴(主要用于双进气道发动机),两种喷嘴最大的不同是喷雾锥角不同,图 7-11 所示为两种不同类型喷嘴喷雾图像的对比,由图中可以清楚地看到喷雾锥角的不同。通过台架试验对双孔喷嘴采用两次燃油喷射时的效果进行验证。

第7章 两次燃油喷射方式的试验研究

(a) 单孔喷嘴　　　　　　(b) 双孔喷嘴

图7-11 不同喷嘴喷雾图像的对比

表7-8～表7-9为安装双孔喷嘴、采用上述控制策略时发动机动力性参数及空燃比的变化。可见,采用双孔喷嘴时发动机动力性参数及空燃比基本没有变化。主要是由于采用双孔喷嘴时,燃油喷射处在很短的时间就会到达进气道壁形成附壁油膜,即使有燃油在进气过程喷射,燃油与进气气流的相互作用也非常有限,与采用闭阀喷射模式几乎没有区别,因此采用两次燃油喷射时需要选择合适的喷嘴。

表7-8 40%节气门开度发动机性能比较

发动机转速/ (r/min)	膨胀冲程喷油时刻(膨胀上止点后)/°CA	膨胀冲程喷油脉宽/ms	进气冲程喷油时刻(进气上止点后)/°CA	进气冲程喷油脉宽	功率/kW	转矩/(N·m)	空燃比
4000	100	0	10	5700	2.93	22	14.7
	10	5.7	330	100	2.93	22.1	14.7
5000	10	5.6	330	100	3.31	20.1	14.7
	100	0	10	5600	3.3	20.1	14.5
6000	10	8.1	330	5500	3.51	17.8	14.7
	100	0	10	5500	3.51	18	14.7

表7-9 100%节气门开度发动机性能比较

发动机转速/(r/min)	膨胀冲程喷油时刻（膨胀上止点后）/°CA	膨胀冲程喷油脉宽/ms	进气冲程喷油时刻（进气上止点后）/°CA	进气冲程喷油脉宽/ms	功率/kW	转矩/(N·m)	空燃比
4000	10	6	100	0	2.92	22.1	13.7
	100	0	10	6	2.93	22.2	13.7
5000	10	6	100	0	3.18	19.6	13.7
	100	0	10	6	3.17	19.3	13.6
6000	10	6.2	100	0	4.24	21.4	13.7
	100	0	10	6.2	4.2	21.2	13.7

7.5 本章小结

本章通过台架试验对两次喷油方式进行了试验研究，主要得到以下结论：

1）膨胀冲程喷油时刻推迟时发动机功率下降、混合气浓度变小、HC排放升高；进气冲程喷油时刻推迟同样会使发动机性能下降、HC排放升高。

2）当发动机处于高速、大节气门开度时，由于发动机机体温度较高，进气流动较强，喷油时刻对混合气浓度的影响不明显。

3）当膨胀冲程所喷射燃油占喷油总量的比例较大时，有利于改善发动机性能，并不随机体温度升高和节气门开度变大而使效果变弱。

4）与单次闭阀喷射相比，如果调整单次喷油时刻使喷射燃油能够经

第 7 章 两次燃油喷射方式的试验研究

历开阀喷射和闭阀喷射两种模式，对发动机性能也起到一定的改善作用。

5）当发动机机体温度升高时，两次燃油喷射时如果采用 1∶1 的比例喷油，则与单次闭阀喷射模式相比，发动机性能改善不明显。

6）如果喷嘴的喷雾锥角过大，燃油喷射处在很短的时间就会到达进气道壁形成附壁油膜，两次喷油方式与采用闭阀喷射模式没有区别，因此采用两次燃油喷射时需要选择合适的喷嘴。

参考文献

[1] 胥树凡,刘宪兵. 我国摩托车排放污染防治技术政策和排放标准现状及发展趋势 [J]. 摩托车技术, 2011 (11): 3 – 14.

[2] 国家环保总局. 摩托车和轻便摩托车排气污染物排放限值及测量方法(工况法)(Ⅲ阶段)[S]. 北京:中国环境科学出版社, 2008.

[3] 国家环境保护总局, 国家质量监督检验检疫总局. 摩托车污染物排放限值及测量方法(工况法, 中国第Ⅲ阶段):GB 14622—2007 [S]. 北京:中国环境科学出版社, 2007.

[4] 国家环境保护总局, 国家质量监督检验检疫总局. 轻便摩托车污染物排放限值及测量方法(工况法, 中国第Ⅲ阶段):GB 18176—2007 [S]. 北京:中国环境科学出版社, 2007.

[5] Zhao F Q, Lai M C, Harrington D L. The Spray Characteristics of Automotive Port Fuel Injection – A Critical Review [C] // SAE Paper. Detroit, MI, USA, 1995: 950506.

[6] 中华人民共和国环境保护部. 摩托车排放污染防治技术政策 [Z/OL]. http://websearch.mep.gov.cn/tech/hjbz/bzwb/wrfzjszc/200607/t20060725_91284.htm, 2006 – 06 – 07.

[7] C Stan, A Stanciu, S Guenther, et al. Direct Injection Application on a Four – Stroke Motorcycle Engine [C] // SAE Paper. Detroit, MI, USA, 2001: 2001 – 01 – 1818.

[8] C Stan, R Troeger, A Stanciu, et al. GDI Four – Stroke SI Engine for Two Wheelers and

Small Vehicle Applications [C] // SAE Paper. Detroit, MI, USA, 2002: 2002 - 32 - 1792.

[9] Andrei Stanciu, Cornel C Stan, Ilko Stemmler, et al. Spray - Guided Direct Injection Concept for Small Engine Applications [C] //SAE Paper. Detroit, MI, USA, 2005: 2005 - 32 - 0108.

[10] Steven R Ahem, Geoffrey P Cathcart, Rodney A Houston. The Potential of Gasoline Direct Injection for Small Displacement 4 - Stroke Motorcycle Applications [C] // SAE Paper. Detroit, MI, USA, 2004: 2004 - 32 - 0098.

[11] 张翠平, 杨庆佛. 电控汽油机燃油喷射匹配的试验研究 [J]. 农业机械学报, 2004, 35 (2): 25 - 28.

[12] 赵弘志, 曹林. CA6102 电控汽油机废气再循环性能研究 [J]. 汽车工程, 2005, 27 (2): 264 - 268.

[13] 胡春明, 王海铭, 朱棣. 电控摩托车汽油机排放特性的试验研究 [J]. 内燃机学报, 2003 (21): 247 - 251.

[14] 高强. 新型一体化摩托车 LB 电喷系统的结构及功能 [J]. 摩托车技术, 2006 (10): 54 - 57.

[15] 苏兴安, 杨建伟. 满足摩托车第 3 阶段排放标准的电喷技术研究 [J]. 摩托车技术, 2006 (10): 18 - 24.

[16] 邓旭斌, 彭美春, 等. 摩托车发动机电控系统硬件技术研究 [J]. 车用发动机, 2007 (4): 46 - 50.

[17] R Shankar, G Udayakumar, K Sasikumar. Advanced Port Injection Solution for Motorcycle Application [C] // SAE Paper. Detroit, MI, USA, 2008: 2008 - 28 - 0031.

[18] Cho H, Min K. Measurement of liquid fuel film distributiononthe cylinder liner of a spark ignition engine using thelaserinduced fluorescence technique [J]. Measurement Science and Technology, 2003, 14 (7): 975 - 982.

[19] Kimitaka Saito, Kiyonori Sekiguchi, Nobuo Imatake. A New Method to Analyze Fuel Behaviorin a Spark Ignition Engine [C] // SAE Paper. Detroit, MI, USA, 1995: 950044.

[20] Vannobel F, Arnold A, Buschmann A, et al. Simultaneous Imaging of Fuel and Hydroxyl Radicals in an In – LineFour Cylinder SI Engine [C] // SAE Paper. Detroit, MI, USA, 1993: 932696.

[21] Nemecek L M, Wagner R M, et al. Fuel and Air Studies for Spark IgnitionEngine Cold Start Applications [C]. Proceedings of ILASS – America, pp. 191 – 195.

[22] Pirault J P, Quissek F, Rokita R, et al . Development of Fuel Preparation for Petrol Engines [C]. IMechE Seminar, C462/25/233.

[23] Hongming Xu. Control of A/F Ratio during Engine Transients [C] // SAE Paper. Detroit, MI, USA, 1999: 1999 – 01 – 1484.

[24] 王晓瑜, 陈国华. PFI 汽油机油气混合过程三维瞬态数值模拟 [J]. 华中科技大学学报（自然科学版）, 2007, 35 (6): 92 – 95.

[25] Erik Schunemann, Kai – Uwe Munch, Alfred Leipertz. Interaction of airflow and injected fuel spray inside the intake port if a six cylinder four valve si engine [C] // SAE Paper. Detroit, MI, USA, 1997: 972984.

[26] Werlberger P, Rokita R, Chmela F. Observation of Fuel Injection andCombustion by Use of an Endoscopic Video System [C] //Proceedings of ImechESeminar – Measurement and Observation Analysis of Combustion in Engines. pp. 39 – 56.

[27] Stanglmaier R S, Matthew J, Ronald D Matthews. In – Cylinder Fuel Transportduring the First Cranking Cycles in a Port Injected 4 – Valve Engine [C] //SAE Paper. Detroit, MI, USA, 1997: 970043.

[28] Fu – Quan Zhao, Joon – Ho Yoo, Ming – Chia Lai. Spray Targeting inside a Production – Type Intake Port of a 4 – Valve Gasoline Engine [C] //SAE Paper. Detroit, MI,

USA, 1996: 9601115.

[29] S K Fulcher, B F Gajdeczko, P G Felton, et al. The Effects of Fuel Atomization, Vaporization, and Mixing on the Cold – Start UHC Emissionsof a Contemporary S. I. Engine withIntake – Manifold Injection [C] //SAE Paper. Detroit, MI, USA, 1995: 952482.

[30] Curtis E, Russ S, Aquino C, et al. The Effects of Injector Targeting and Fuel Volatility on Fuel Dynamics in a PFI Engine during Warm – up: Part II – Modeling Results [C] //SAE Paper. Detroit, MI, USA, 1998: 9825109.

[31] Miguel R Panão, António L N Moreira. Visualization and Analysis of Spray Impingementunder Cross – Flow Conditions [C] //SAE Paper. Detroit, MI, USA, 2002: 2002 – 01 – 2664.

[32] S Chappuis, B Cousyn, M Posylkin, et al. Effects of injection timing on performance and droplet characteristics of a sixteen – valve four cylinder engine [J]. Experiments in Fluids, 1997, 22: 336 – 344.

[33] Nogi T, Ohyama Y, Yamauchi T, et al. Mixture Formation of Fuel Injection Systems in gasoline Engine [C] //SAE Paper. Detroit, MI, USA, 1988: 880558.

[34] Shin Y, Cheng W K, Heywood J B. Liquid Gasoline Behavior in the Engine Cylinder of a SIEngine [C] //SAE Paper. Detroit, MI, USA, 1994: 941872.

[35] Witze P O, Green R M. LIF and Flame – Emission Imaging of Liquid Fuel Films and Pool Firesin an SI Engine during a Simulated Cold Start [C] //SAE Paper. Detroit, MI, USA, 1997: 970866.

[36] Yukihiro Takahashi, Yoshihiro Nakase. Analysis of the Fuel Liquid Film Thickness of aPort Fuel Injection Engine [C] //SAE Paper. Detroit, MI, USA, 2006: 2006 – 01 – 1051.

[37] Vincent S Costanzo, John B Heywood. Mixture preparation mechanisms in a port fuel

injected engine [C] //SAE Paper. Detroit, MI, USA, 2005: 2005-01-2080.

[38] Zughyer J, Zhao F Q, Lai M-C, et al. A Visualization Study of Fuel Distribution and Combustion inside a Port - Injection Gasoline Engine under Different Start Conditions [C] //SAE Paper. Detroit, MI, USA, 2000: 2000-01-0242.

[39] Kim H, Yoon S, Lai M-C. Liquid Fuel Footprints on Combustion Chamber Wall in Port Fuel Injection Engine during Starting [C]. 9th International Conference on Liquid Atomization and Spray Systems, Italy, 2003.

[40] Kim H, Lai M-C, Yoon S, et al. Correlating Port Fuel injection to Wetted Fuel Footprints on Combustion Chamber Walls and UBHC in Engine Start Processes [C] //SAE Paper. Detroit, MI, USA, 2003: 2003-01-3240.

[41] Hoisan Kim, Suckju Yoon, Xing-Bin Xie, et al. Effects of Injection Timings and Intake Port Flow Control on the In-Cylinder Wetted Fuel Footprints during PFI Engine Startup Process [C] //SAE Paper. Detroit, MI, USA, 2005: 2005-01-2082.

[42] C Brehm J H Whitelaw, L Sassi, et al. Air and Fuel Characteristics in the Intake Port of a SI Engine [C] //SAE Paper. Detroit, MI, USA, 1999: 1999-01-1491.

[43] Yoshiharu Nonaka, Atsushi Horikawa, Yosuke Nonaka. Gas Flow Simulation and Visualization in Cylinder of Motor - Cycle Engine [C] //SAE Paper. Detroit, MI, USA, 2004: 2004-32-0004.

[44] K R Koederitz, J A Drallmeier. Film Atomization from Valve Surfacesduring Cold Start [C] //SAE Paper. Detroit, MI, USA, 1999: 1999-01-0566.

[45] K R Koederitz, M R Evers, G B Wilkinson, et al. Break-up of liquid fuel films from the surfaces of the intake port and valve inport -fuel -injected engines [J]. Int J Engine Research, 2002, 3 (1): 37-57.

[46] Almkvist G, Denbratt I, Josefsson G, et al. Measurements of Fuel Film Thickness in the Inlet Port of an SI Engine byLaser Induced Fluorescence [C] //SAE Paper. De-

troit, MI, USA, 1995: 952483.

[47] 汪淼, 王建昕, 沈义涛, 等. 汽油喷雾碰壁和油膜形成的可视化试验与数值模拟 [J]. 车用发动机, 2006, 166 (6): 24-28.

[48] Takeda K, Yaegashi T, Sekiguchi K, et al. Mixture Preparation and HC Emissions of a 4-Valve Engine during Cold Starting and Warm-Up [C] //SAE Paper. Detroit, MI, USA, 1995: 950074.

[49] Yang J, Kaiser E W, Siegel W O, et al. Effects of Port Injection Timing and Fuel Droplet Size on Total and Speciated Exhaust Hydrocarbon Emissions [C] //SAE Paper. Detroit, MI, USA, 1993: 930711.

[50] Posylkin M, Taylor A M K P, Whitelaw J H. Fuel Droplets inside a Firingpark-Ignition Engine [C] //SAE Paper. Detroit, MI, USA, 1994: 941989.

[51] Johnen T, Haug M. Spray Formation Observation and Fuel Film DevelopmentMeasurements in the Intake of a Spark Ignition Engine [C] //SAE Paper. Detroit, MI, USA, 1995: 950511.

[52] Younggy Shin, Kyoungdoug Min, Wai K Cheng. Visualization of Mixture Preparation in a Port Fuel Injection Engine During Engine Warm-up [C] //SAE Paper. Detroit, MI, USA, 1995: 952481.

[53] D E Whelan, Peter Kelly-Zion, Chia-Fon Lee, et al. Back-flow atomization in the intake port of spark ignition engine [C] //SAE Paper. Detroit, MI, USA, 1997: 972988.

[54] Yunfei Luan, Naeim A Henein, Mauro K. Tagomori. Port-Fuel-Injection Gasoline Engine Cold Start Fuel Calibration [C] //SAE Paper. Detroit, MI, USA, 2006: 2006-01-1052.

[55] Chun-On Cheng, Wai K Cheng, John B Heywood. Intake Port Phenomena in a Spark-Ignition Engine at Part Load [C] //SAE Paper. Detroit, MI, USA, 1991: 912401.

[56] C Alkidas. The Effects of Fuel Preparation on Hydrocarbon Emissions of a S. I. Engine Operating under Steady – State Conditions [C] //SAE Paper. Detroit, MI, USA, 1994: 941959.

[57] 冯骅, 蒋德明. 直接喷射式柴油机燃烧放热率及燃烧放热效率的研究 [J]. 西安交通大学学报, 1981, 15 (6): 8 – 12.

[58] Nishida K, Hiroyasu H. Simplified three – dimensional modeling of mixture formation and combustion in DI diesel engine [C] //SAE Paper. Detroit, MI, USA, 1989: 890269.

[59] Magnussen B F, B H Hjectager. On mathematical modeling of turbulent combustion with special emphasis on soot formation andcombustion [C]. Sixteenth Symposium (International) on Combustion, pp. 719 – 729.

[60] Cradle. Manual of SCRYU [M]. CRADLE, Ltd., 1992.

[61] Fluent. Power – FLOW User's Guide, Release 4.0 [M]. Exa. Corporation, Boston, Massachusetts, 2006, 18.

[62] CDadaPeoGrouP, STAR – CD UserGuide [M]. 2000.

[63] CFX Ltd. CFX handbook [M]. United Kingdom: Didcot Oxfordshire, 2003.

[64] 韩占忠, 王敬, 兰小平. FLUENT 流体工程仿真计算实例与应用 [M]. 北京: 北京理工大学出版社, 2004: 6.

[65] Fluent. FIDAP 8 Theory Manual [M]. Fluent Inc., 1998.

[66] Brenn G, Domnick J, Dorfner V, et al. Unsteady gasoline injection experiments: comparison of measurements in quiescent air and in a model intake port [C] // SAE Paper. Detroit, MI, USA, 1995: 950512.

[67] 周磊, 赵长禄, 张付军, 等. 利用燃烧模拟对柴油机燃烧室的优化设计 [J]. 燃烧科学与技术, 2004, 10 (5): 465 – 470.

[68] 何旭, 刘卫国, 商希彦, 等. 柴油机 TR 燃烧系统的数值模拟 [J]. 内燃机工

程，2006，27（4）：4-8.

[69] 赵昌普，宋崇林，李晓娟，等. 喷油定时和燃烧室形状对柴油机燃烧及排放的影响［J］. 燃烧科学与技术，2009，19（5）：393-397.

[70] 周苗，隆武强，冷先银，等. 喷油器参数对柴油机燃烧特性影响的数值模拟［J］. 车用发动机，2008（176）：21-26.

[71] Shijin Shuai, Neerav Abani, Takeshi Yoshikawa, et al. Evaluation of the effects of injection timing and rate – shape on diesel low temperature combustion using advanced CFD modeling［J］. Fuel, 2009（88）：1235-1244.

[72] 徐洪军，常汉宝，邵利民. 重型直喷式柴油机多次喷射燃烧过程研究［J］. 内燃机工程，2009，30（9）：54-62.

[73] Keishi Takada, Jin Kusaka. Numerical Analysis on Diesel Combustion with High EGR and High Boost Pressure by Multi – Dimensional CFD Code Coupled with Complex Chemistry Analysis［C］//SAE Paper. Detroit, MI, USA, 2008：2008-01-1637.

[74] Zehra Sahin, Orhan Durgun. Multi – zone combustion modeling for the prediction of diesel engine cycles and engine performance parameters［J］. Applied thermal engineering, 2008（28）：2245-2256.

[75] X. Demoulin, R. Borghi. Modeling of turbulent spray combustion with application to diesel like experiment［J］. Combustion and Flame, 2002, 129（3）：281-293.

[76] Martin T., Michal Pasternak, Fabian Mauss, et al. A PDF – Based Model for Full Cycle simulation of direct injected engines［C］//SAE Paper. Detroit, MI, USA, 2008：2008-01-1606.

[77] WANG Chun – fa, CHEN Guo – hua, LUO Ma – ji, et al. Three – dimensional transient numerical simulation for gas exchangeprocess in a four – stroke motorcycle engine［J］. Journal of Zhejiang University SCIENCE, 2005, 6（10）：1137-1145.

[78] Tang – Wei Kuo. Multidimensional Port – and – Cylinder Gas Flow, Fuel Spray, and-

Combustion Calculations for a Port – Fuel – Injection Engine [C] //SAE Paper. Detroit, MI, USA, 1992: 920515.

[79] G M Bianchi, F Brusiani, L Postrioti, et al. CFD Analysis of Injection Timing Influence onMixture Preparation in a PFI Motorcycle Engine [C] //SAE Paper. Detroit, MI, USA, 2006: 2006 – 32 – 0022.

[80] Mark L Sztenderowicz, John B Heywood. Cycle – to – Cycle IMEP Fluctuations in a Stoichiometrically Fueled S. I. Engine at Low Speed and Load [C] // SAE Paper. Detroit, MI, USA, 1990: 902143.

[81] G Grunefeld, P Andresen, W Hentschel. A Major Origin of Cyclic Energy Conversion Variations in SI Engines: Cycle – by – Cycle Variations of the Equivalence Ratio and Residual Gas of the Initial Charge [C] //SAE Paper. Detroit, MI, USA, 1994: 941880.

[82] Romald D Matthews, Mohammed G Sarwar, Matthew J Hall, et al. Predictions of Cyclic Variability in an SI Engine and Comparisons with Experimental Data [C] //SAE Paper. Detroit, MI, USA, 1991: 912345.

[83] Fu – Quan Zhao, MasahikoTaketomi, Keiya Nishida, et al. PLIF Measurements of the Cyclic Variation of Mixture Concentration in a SI Engine [C] //SAE Paper. Detroit, MI, USA, 1994: 940988.

[84] S. Russ, G Lavoie, W Dai. SI Engine Operation with Retarded Ignition: Part 1 – Cyclic Variations [C] //SAE Paper. Detroit, MI, USA, 1999: 1999 – 01 – 3506.

[85] Michael F J Brunt, Andrew L Emtage. Evaluation of Burn Rate Routines and Analysis Errors [C] //SAE Paper. Detroit, MI, USA, 1997: 970037.

[86] A K Oppenheim, J E Barton, A L Kuhl, et al. Refinement of Heat Release Analysis [C] //SAE Paper. Detroit, MI, USA, 1997: 970538.

[87] Michael F J Brunt, Harjit Rai, Andrew L Emtage, et al. The Calculation of Heat Re-

lease Energy from Engine Cylinder Pressure Data [C] //SAE Paper. Detroit, MI, USA, 1998: 981052.

[88] Michael J Sampson, John B Heywood. Analysis of Fuel Behavior in theSpark – Ignition Engine Start – Up Process [C] // SAE Paper. Detroit, MI, USA, 1995: 950678.

[89] J A Gatowski, E N Balles, K M Chun, et al. Heat Release Analysis of Engine Pressure Data [C] //SAE Paper. Detroit, MI, USA, 1984: 841359.

[90] Michael F J Brunt, Kieron C Platts. Calculation of Heat Release in Direct Injection Diesel Engines [C] //SAE Paper. Detroit, MI, USA, 1999: 1999 – 01 – 0187.

[91] David J Timoney. Problems with Heat Release Analysis in D. I. Diesels [C] // SAE Paper. Detroit, MI, USA, 1987: 870270.

[92] 程勇. 电喷汽油机工作过程非稳态特性测试分析 [R]. 清华大学, 2001.

[93] P J Shaylor, Y C Teo, A Scarisbrick. Fuel Transport Characteristics of Spark Ignition Engine for Transient Fuel Compensation [C] //SAE Paper. Detroit, MI, USA, 1995: 950067.

[94] 杨延相, 刘昌文, 郗大光, 等. 应用于四冲程摩托车的 FAI 技术 [J]. 摩托车技术, 2003 (10): 25 – 28.

[95] 曹鹏, 东良. 德尔福摩托车 EMS 技术简介 [J]. 摩托车技术, 2003 (10): 24 – 28.

[96] 周龙保. 内燃机学 [M]. 北京: 机械工业出版社, 1999: 14 – 18.

[97] 蒋炎坤. CFD 辅助发动机工程的理论与应用 [M]. 北京: 科学出版社, 2004.

[98] AVL. Fire User Mannual Version 2008 [M]. 2008.

[99] 解茂昭. 内燃机计算燃烧学 [M]. 2 版. 大连: 大连理工大学出版社, 2005.

[100] Dukowicz J K. Quasi – steady Droplet Change in the Presence of Convection [C]. Los Alamos Scientific Laboratory of California, LA7997 – MS, 1979, 8.

[101] Nober J D, Reitz R D. Modeling Engine Spray/Wall impingement [C] //SAE Pa-

per. Detroit, MI, USA, 1988: 880107.

[102] 史绍熙, 李理光, 许斯都, 等. 高压喷射下自由射流和受限碰壁喷雾特性的试验研究 [J]. 内燃机学报, 1997, 15 (4): 1-6.

[103] Gregor Rottenkolber, Klaus Dullenkopf, Sigmar Witting. Influence of Mixture Preparation on Combustion and Emissions Inside An SI Engine By Means of Visualization, Piv and Ir Thermography During Cold Operating Conditions [C] //SAE Paper. Detroit, MI, USA, 1999: 1999-01-3644.

[104] 陆霄露, 邓康耀. 采用激光诱导荧光法测量油膜厚度的研究 [J]. 内燃机学报, 2008, 26 (1): 92-95.

[105] 张惠明, 赵奎翰, 息树和, 等. 空气运动对小型直喷式柴油机着火前喷雾混合过程的影响 [J]. 内燃机学报, 1998, 16 (1): 25-30.

[106] M Namazian, S Hansen E, Lyford-Pike. SchlierenVisualization of the Flow and Density Fields in the Cylinder of a Spark-Ignition Engine [C] //SAE Paper. Detroit, MI, USA, 1980: 800044.

[107] Shao J, Yan Y, Greeves G, et al. Quantitative characterization of diesel sprays using digital imaging techniques [J]. Meas. Sci. Technol., 2003 (14): 1110-1116.

[108] B Y Xu, F Y Liang, S L Cai, et al. Numerical Analysis of Fuel Injection in Intake Manifold and Intake Process of a MPI Natural Gas Engine [J]. In. J. Automot. Technol, 2005, 6 (6): 579-584.

[109] 乔信起, 颜淑霞, 高希彦, 等. 柴油机喷雾碰壁现象的闪光摄影法研究 [J]. 山东轻工业学院学报, 1995, 9 (4): 45-52.

[110] Partaker S V. Numerical Heat Transfer and Fluid Flow [M]. New York: Hemisphere Public Corporation, 1981.

[111] Jiro Senda, Masanori Ohnishi, Tomohiro Takahashi, et al. Measurement and Modeling on Wall Wetted Fuel Film Profileand Mixture Preparation in Intake Port of SI En-

gine [C] //SAE Paper. Detroit, MI, USA, 1999: 1999 – 01 – 0798.

[112] 高光海, 胡宗杰, 邓俊, 等. 壁面热条件对撞壁油束发展影响的试验研究 [J]. 内燃机工程, 2007, 28 (5): 15 – 18.

[113] R Shankar, G Udayakumar, K Sasikumar. Advanced Port Injection Solution for Motorcycle Application [C] // SAE Paper. Detroit, MI, USA, 2008: 2008 – 28 – 0031.

[114] Yan W M, Lin T F. Combined heat and mass transfer in natural convection between vertical parallel plates with film evaporation [J]. Int. J. Heat Mass Transfer, 1990, 33 (3): 529 – 541.

[115] 纪少波, 程勇, 唐娟, 等. 两阶段喷油在催化转化器性能考评台架中的应用 [J]. 山东大学学报（工学版）, 2007, 37 (2): 43 – 46.

[116] 马翠英, 程勇, 黄晖, 等. K157FMI 发动机的电喷化改装设计 [J]. 小型内燃机与摩托车, 2008, 37 (4): 18 – 21.

[117] 裴普成, 刘书亮. 五气门汽油机气道内二次燃油喷射技术的研究 [J]. 内燃机学报, 2000, 18 (1): 53 – 56.

[118] 刘德新, 冯洪庆, 刘书亮, 等. 二次喷油过程对稀燃汽油机性能影响的试验研究 [J]. 内燃机学报, 2003, 21 (5): 333 – 336.